CATALOGUE

DES OBJETS DIVERS

QUI COMPOSENT

LA COLLECTION

DE FEU

M. GRIVAUD DE LA VINCELLE,

GARDE DU LIVRE DE LA PAIRIE.

CATALOGUE

D'ANTIQUITÉS ÉGYPTIENNES,

GRECQUES,

ROMAINES et GAULOISES.

CATALOGUE

DES ANTIQUITÉS

EGYPTIENNES, GRECQUES, ROMAINES ET GAULOISES;

MONUMENS MODERNES;

TABLEAUX, DESSINS, MANUSCRITS et LIVRES IMPRIMÉS,

Qui composent la Collection

DE FEU

M. GRIVAUD DE LA VINCELLE,

Garde du Livre de la Pairie, Membre de la Société Royale des Antiquaires de France, des Académies de Lyon, de Marseille, de Nantes, de Dijon, de Vaucluse, etc. etc.;

Par L. J. J. DUBOIS.

Prix : 1 Franc.

A PARIS,

Chez
Feu M. GRIVAUD, rue du Cherche-Midi, N°. 16;
M. GENDRON, Commissaire-Priseur, rue St.-Honoré, en face celle de St.-Florentin, N°. 408;
M. DUBOIS, rue de Savoie, N°. 4, faub. St.-Germain.

1820.

La Vente aura lieu chez feu M. Grivaud, rue du Cherche-Midi, N°. 16, le 21 Avril 1820, et jours suivans, de 11 heures du matin à 4 heures du soir ; elle sera précédée d'une exposition publique qui durera deux jours. Les Adjudications seront faites par M. Gendron, Commissaire-Priseur.

AVERTISSEMENT.

M. Claude-Magdeleine GRIVAUD naquit à Châlons-sur-Saône, le 3 septembre 1762, au sein d'une famille respectable dont le chef avait rempli successivement, et avec distinction, plusieurs emplois publics (1). Après avoir achevé le cours de ses études et reçu les fondemens d'une bonne éducation, il obéit au vœu de ses parens qui voulaient l'envoyer à Lyon pour y apprendre le commerce. Il se serait peut-être fixé dans cette ville si les scènes d'horreur qui affligèrent cette malheureuse cité dans le courant de l'année 1793, ne l'avaient contraint, comme tant d'autres, de venir chercher un asile dans la Capitale.

Détourné par ces événemens d'un genre d'occupation peu favorable au goût qui l'entraînait vers la littérature et les arts, M. Grivaud se livra dans la solitude à des recherches laborieuses sur quelques points de l'histoire du moyen âge : il reprit surtout avec une véritable passion la lecture des bons auteurs anciens et modernes qui avaient fait

(1) Parmi les charges exercées par le père de M. Grivaud, on distingue celle d'*officier du Point d'honneur*. Il s'occupait beaucoup des arts, et il publia entr'autres opuscules, une brochure intitulée, *d'un cinquième Ordre d'architecture approprié à notre gouvernement et à nos mœurs.*

le charme de sa première jeunesse, et se détachant ainsi très-facilement d'un état auquel il n'était point appelé, il s'ouvrit une nouvelle carrière plus d'accord avec un penchant qu'il avait peut-être même toujours faiblement combattu ; cette détermination décida de sa vie entière, et si elle lui ferma en quelque sorte le chemin de la fortune, elle le dédommagea de ce noble sacrifice en lui assurant une foule de jouissances paisibles, ainsi qu'un rang très-honorable parmi les amateurs instruits qui ont cultivé parmi nous le domaine de l'antiquité.

A son retour d'un voyage qu'il fit en Corse et dans l'île d'Elbe en 1802 (1), M. Grivaud suivit avec constance les travaux d'embellissement qui s'exécutaient alors dans les jardins du Luxembourg, et qui donnèrent lieu à la découverte d'un grand nombre d'antiquités qu'il recueillit avec beaucoup de soin ; il fit ensuite de tous ces objets le sujet d'un ouvrage intéressant dans lequel, au milieu de recherches historiques, il émit une opinion nouvelle et sage sur la fabrication et l'usage des poteries ornées d'arabesques qui se découvrent dans tous les lieux habités autrefois par les Romains (2).

____

(1) Le journal de ce voyage, qui existe entre les mains de sa famille, contient beaucoup d'observations précieuses sur ces lieux qu'il avait visité en observateur éclairé.

(2) *Antiquités gauloises et romaines, recueillies dans les jardins du palais du Sénat*, etc., 1 vol. in-4°. de texte et 1 vol. in-folio de 6 planches. A Paris, chez Nepveu, libraire, passage des Panoramas.

Immédiatement après la publication de ce premier travail il s'occupa avec une ardeur qui ne l'a jamais quitté , de la formation d'une collection d'antiquités , dans laquelle il fit entrer beaucoup d'objets précieux découverts en France, et qu'il dut souvent arracher des mains destructives de l'ignorance et de la cupidité ; il s'attacha surtout à réunir une suite très-nombreuse et bien choisie de pierres gravées grecques et romaines qui méritent la plupart une attention particulière pour la beauté de leur travail et la richessse de leurs matières , et qui est surtout très-importante par la variété que présentent les sujets qui s'y trouvent figurés.

Dans le cours des années 1810 et 1813 , il mit en ordre et publia successivement plusieurs mémoires de feu M. Pasumot , ingénieur - géographe très - estimable par son savoir et par son zèle (1). Dans le même temps il traduisit une dissertation italienne de M. Sestini , sur un vase de verre qui avait été trouvé dans les ruines de l'ancienne Populonia (2); et enfin en 1817 , après avoir fait paraître quatre bonnes dissertations sur autant d'objets d'antiquités (3) , il mit au jour un ouvrage destiné à accompagner les recueils de Caylus et de

----

(1) *Magasin encyclopédique* , années 1810 , 1813.

(2) *Ibid* , 1813 , tom. iii.—Mars, pag. 77—116.

(3) *Ibid* , 1817. — Juin , pag. 295 , 310. *Dissertation sur une médaille inédite d'Arsace XV , Phraate IV , roi des*

La Sauvagère (1), et qui, en faisant connaître l'étendue de ses moyens, lui mérita les éloges flatteurs de plusieurs savans (2) aussi recommandables par leur vaste érudition que par l'impartialité de leurs jugemens.

En 1818 il donna au public les premières parties d'un travail considérable et très-utile sur les arts et métiers de quelques peuples anciens (3), et l'année suivante il termina ses travaux scientifiques par la publication d'un mémoire sur les vases *lacrymatoires* qu'il tenta, peut-être en vain, de rendre à une destination qui est aujourd'hui au moins très-contestée (4).

Heureux au sein d'une famille chérie et digne de

Parthes, et sur quatre médailles d'Attambylus, roi de la Characène, etc —Juillet, p. 97, 114. *Description d'une anse de vase en bronze, ornée de bas-reliefs, découverte en 1811 dans les ruines de Nasium.* — Octobre, pag. 267, 276. *Dissertation sur une pierre gravée inédite, du cabinet de l'auteur.* — Décembre, pag. 225, 232. *Description d'un camée antique du cabinet de feu M. D***V.***.*

(1) *Recueil de monumens antiques, la plupart inédits, découverts dans l'ancienne Gaule;* 3 vol. in-4°. dont un de planches.

(2) *Magasin encyclopédique*, 1817, tom. 5, pag. 181, 185.—*Journal des savans* (même année), octobre. p. 596, 602.

(3) *Arts et métiers des anciens représentés par les monumens;* chez Nepveu, libraire, passage des Panoramas.

(4) *Mémoires de l'académie Celtique*, tom. 4, p. 115, 139. *V.* la note placée au bas de la pag. 44 de ce Catalogue.

son amour ; jouissant de la considération la plus justement méritée, et uni par les sentimens d'une parfaite estime à la plupart des savans et des amateurs français les plus distingués, M. Grivaud pouvait espérer de prolonger long-temps encore une si douce existence, et d'ajouter de nouveaux succès littéraires à ceux qui avaient déjà honoré ses travaux (1). D'aussi flatteuses illusions que tout concourait à entretenir, se trouvèrent bien cruellement dissipées : atteint, dans la force de l'âge, par une maladie douloureuse dont le développement devint bientôt effrayant et rapide, il fut enlevé aux plus tendres affections, le 4 décembre 1819, dans le moment même où il dirigeait, avec les soins de l'amitié, la vente du cabinet de feu M. l'abbé de Tersan (2).

---

(1) Il a fait imprimer, en 1818, une Notice sur le palais de la Chambre des Pairs, qui est extraite en partie de ses antiquités du Luxembourg, et on conserve plusieurs Catalogues de diverses collections dont il avait dirigé la vente.

Il cultivait aussi la poésie pour se délasser de travaux plus sérieux, et il publia une Imitation en vers français de l'Ode latine de M. Cauchy, sur le rétablissement de la religion en France. Une traduction en vers de la célèbre élégie de Gray sur un cimetière de campagne, se trouve parmi d'autres manuscrits du même genre conservés par sa famille.

(2) M. Grivaud avait épousé, en 1795, mademoiselle de la Vincelle, qu'il eut le malheur de perdre dans un âge peu avancé. Plus tard, il joignit le nom de son épouse au sien pour se distinguer d'un autre littérateur qui a publié également quelques dissertations sur des objets d'antiquités.

Les collections formées par M. Grivaud peuvent se diviser en trois parties distinctes : la première, et la plus importante, se compose des pierres gravées et des pâtes antiques qu'il avait rassemblées (1) ; la seconde comprend toutes les antiquités décrites succinctement dans le présent Catalogue, et la troisième enfin consiste dans sa bibliothèque , dont la description a été imprimée sur une notice qu'il avait composée lui - même et pour son usage particulier.

---

(1) Cette Collection sera cédée entière s'il se présente un acquéreur avec lequel la famille de M. Grivaud puisse prendre des arrangemens convenables ; dans le cas contraire, elle doit être mise en vente à la fin de l'année , après la publication d'un Catalogue dont les matériaux sont prêts , et qui sera terminé dans le courant du mois de juillet prochain.

CATALOGUE

D'ANTIQUITÉS ÉGYPTIENNES,

GRECQUES, ROMAINES ET GAULOISES;

MONUMENS MODERNES, TABLEAUX, DESSINS, MANUSCRITS ET LIVRES IMPRIMÉS, etc. etc.

ANTIQUITÉS ÉGYPTIENNES,

GRANIT, ALBATRE ORIENTAL, SERPENTINE, CRAIE, IVOIRE.

1.*. Petite Statue en granit gris.

Isis assise et qui a les mains posées à plat sur ses genoux : les yeux de cette figure paraissent avoir été formés
par une autre matiére qui en remplissait l'orbite, et qui
maintenant n'existe plus.

Hauteur, 7 pouces.

2.**. Serpentine.

Une coupe qui est incomplette et sur laquelle sont
sculptés en bas-relief, les bustes d'Isis et de Sérapis, placés aux deux côtés d'Harpocrate; d'autres ornemens enri-

chissent cet ouvrage, qui n'appartient point à l'ancien style de l'art égyptien (1).

Diamètre, 4 pouces.

3.*. Serpentine.

Une espèce de buste dont la tête est celle d'un épervier : ce petit monument, qui ne paraît point d'une haute antiquité, faisait autrefois partie du cabinet de M le président Bon. Montfaucon (2) en a donné la description et la gravure.

Hauteur, 5 pouces.

4.***. Albâtre oriental.

Deux canopes, qui présentent l'un et l'autre quatre colonnes d'hiéroglyphes gravés en creux; les couvercles placés sur ces vases symboliques sont formés par des têtes d'Isis.

Hauteur, 13 pouces.

5.*. Petite Statue en ivoire ou en os.

Une figure humaine debout et dont plusieurs parties sont détruites. L'intérêt que présente cet objet consiste seulement dans la matière dont il est formé, et qui paraît avoir été très-rarement employée par les Egyptiens (3).

Hauteur, 14 lignes.

---

(1) Une coupe du même genre fait partie des antiquités conservées dans la Bibliothèque de la ville de Marseille.

(2) *Antiquité expliquée*, t. 11 du Supplément, pl. 52 (*bis*).

(3) Le riche Musée formé par le prince Biscari à Catane, possède également une amulette égyptienne en ivoire. (*V*. Magasin encyclopédique, 1807, t. 111, p. 64.)

6.*. Petite Statue en craie, qui a été coloriée.

Un homme debout et entièrement enveloppé par un vêtement étroit : quelques lignes d'hiéroglyphes, peints avec une couleur noire, se distinguent encore sur le devant de cette figure.

Hauteur, 5 pouces 5 lignes.

BOIS DE SYCOMORE.

7.**. Petite Statue.

Figure humaine dont les mains sont rapprochées sur la poitrine, et dont le vêtement, qui est très-étroit, a été orné par plusieurs lignes d'hiéroglyphes, peints avec une couleur noire.

Hauteur, 6 pouces 9 lignes.

8.***. Petite Statue.

Figure de femme, dont le vêtement très-étroit à la ceinture et qui s'élargit du bas, est chargé de six lignes d'hiéroglyphes gravés en creux ; ce monument, très-précieux dans son genre, appartenait autrefois à Caylus (1), qui en a donné la description et la gravure.

Hauteur, 6 pouces 9 lignes.

9.*. Petite Statue qui a été coloriée.

Figure humaine debout et enveloppée dans un vêtement étroit.

Hauteur, 7 pouces 10 lignes.

______

(1) *Recueil d'antiquités*, etc. *Voy.* p. 2, n°s. 1, 2, 3.

10.*. Petite Statue.

Un Oiseau symbolique dont la tête, qui est celle d'une femme, est surmontée par un disque.

Hauteur, 4 pouces 8 lignes.

BRONZES.

11.****. Petite Statue.

Isis debout et les mains avancées, coiffée avec une poule de Numidie, sur laquelle repose un disque placé entre deux cornes de vache. Cette Déesse porte en outre deux longues ailes qui s'inclinent devant elle, et qui prennent naissance au corps d'un oiseau qui est gravé en creux sur son dos. De semblables ailes se remarquent sur un assez petit nombre de figures du même genre, qui ont été publiées (1).

Hauteur, 11 pouces 11 lignes.

12.***. Petite Statue.

Isis debout et le bras gauche porté en avant, coiffée avec une poule de Numidie, sur laquelle est posée une mitre.

Hauteur, 8 pouces.

---

(1) Montfaucon, *Antiquité expliquée*, t. II du Supplément, pl. 38, n°. 1.

Winckelmann, *Catalogue de Stosch*, p. 13, n°. 50.

Description de l'Égypte, t. II (Antiquités) pl. 35, 85 et 87.

13.***. Petite Statue.

Isis debout, coiffée avec la poule de Numidie et mitrée: une partie du bras gauche de cette figure est détruite.

Hauteur, 7 pouces 1/2.

14.**. Petite Statue.

Isis assise et allaitant Horus.

Hauteur, 5 pouces 9 lignes.

15.**. Petite Statue.

Le même sujet.

Hauteur, 2 pouces.

16.*. Amulette.

Le même sujet.

Hauteur, 17 lignes.

17.****. Petite Statue dont les yeux sont incrustés en argent.

Osiris debout, portant une mitre et des cornes de bélier sur sa tête, et tenant entre ses mains ses attributs ordinaires.

Hauteur, 15 pouces 4 lignes.

18.**. Petite Statue.

Le même sujet.

Hauteur, 2 pouces 9 lignes.

19.***. Petite Statue.

Osiris (ou l'un de ses prêtres), assis et la tête surmontée d'un croissant et d'un *agathodæmon*, tenant appuyé contre ses épaules les mêmes attributs symboliques que présentent les deux figures précédentes.

Deux traits gravés en creux sur son visage, depuis l'extrémité inférieure de ses oreilles jusqu'à la barbe étroite placée au bout de son menton, semblent indiquer les attaches avec lesquelles cette barbe, qui n'était point naturelle, était fixée.

Hauteur, 7 pouces 3 lignes.

20.***. Petite Statue.

Horus debout, tenant devant lui avec ses deux mains un sceptre dont le haut est orné par une tête de *Huppe*.

Hauteur, 5 pouces.

21.**. Petite Statue.

Le même sujet : les pieds de cette figure sont détruits.

Hauteur, 2 pouces 2 lignes.

22.***. Petite Statue.

Horus assis, dont la poitrine est décorée par une amulette en or, qui est suspendue à un collier.

Hauteur, 5 pouces.

23.**. Petite Statue.

Horus assis.

Hauteur, 8 pouces.

24.*. Petite Statue.

Deux figures qui représentent également Horus, et qui sont mitrées.

Hauteur, 2 pouces.

25.**. Petite Statue.

Harpocrate assis et dont la tête est couverte par une mitre.

Hauteur, 4 pouces 1/2.

26.*. Petite Statue.

Harpocrate assis.

Hauteur, 5 pouces 8 lignes.

27.****. Petite Statue.

Ammon debout, portant une tête de bélier sur un corps humain. Cette tête est chargée d'une mitre.

Hauteur, 9 pouces 1/2.

28.**. Petite Statue.

Thoth debout, portant sur un corps humain une tête d'Ibis chargée d'une mitre.

Hauteur, 5 pouces 8 lignes.

29. Amulette.

Thoth debout ; une partie de la tête d'Ibis qui sert à caractériser cette figure symbolique est détruite.

Hauteur, 16 lignes.

30.***. Petite Statue.

Figure symbolique, portant une tête de lion sur un corps humain, assise et tenant ses mains posées sur ses genoux.

Hauteur, 3 pouces 1/2.

31.***. Petite Statue.

Figure symbolique à tête de chat ; elle est représentée

debout et couverte par un vêtement rayé ; son bras gauche soutient un panier et sa main tient un sistre ; sa main droite présente un objet demi-circulaire, dont le bas est orné par une tête de lion.

Hauteur, 4 pouces.

32.*. Petite Statue.

Figure symbolique à tête de chat, debout et vêtue de long.

Hauteur, 17 lignes.

33***. Petite Statue.

Figure symbolique d'une femme debout et mitrée, qui présente son bras gauche en avant d'elle.

Hauteur, 6 pouces 1/2.

34.***. Petite Statue.

Figure humaine accroupie et mitrée, tenant dans ses mains qu'elle présente en avant d'elle, deux petits vases de forme ronde, ou peut-être deux grenades. Caylus (1) a donné la gravure d'un bronze à peu près semblable.

Hauteur, 3 pouces 1/2.

35.*. Petite Statue.

Figure de femme debout et qui est fracturée à sa partie inférieure ; sur sa tête est placé un attribut symbolique.

Hauteur, 5 pouces 1/2.

36.*. Petite Statue.

Figure humaine et vêtue de long, tenant ses mains placées sur sa poitrine.

Hauteur, 3 pouces 8 lignes.

---

1) *Recueil d'antiquités*, etc. t. v, pl. 19, n°. 1.

37.*. Petite Statue.

Figure humaine debout et qui porte sur sa tête un attribut symbolique.

Hauteur, 5 pouces.

38.*. Amulette.

Figure semblable à celle qui précède.

Hauteur, 5 pouces 5 lignes.

39.*. Amulette.

Figure semblable à celles qui viennent d'être décrites.

Hauteur, 2 pouces 1/2.

40.**. Petite Statue.

Figure humaine debout et vêtue de long, portant une mitre sur sa tête, et tenant ses mains appuyées sur sa poitrine.

Hauteur, 4 pouces 11 lignes.

41.***. Petite Statue.

Figure de femme debout et qui porte une mitre.

Hauteur, 3 pouces.

42.**. Petite Statue.

Figure humaine assise et qui tient un *volumen* à demi-déployé sur ses genoux.

Hauteur, 4 pouces 2 lignes.

43.**. Petite Statue.

Le même sujet : quelques hiéroglyphes sont gravés sur le *volumen* que tient cette figure, ainsi que sur le petit socle qui lui sert d'appui.

Hauteur, 3 pouces 10 lignes.

44.*. Petite Statue.

Figure humaine assise et qui tient une coupe, ou le calice d'une fleur, sur sa main droite.

Hauteur, 20 lignes.

45.***. Petite Statue.

Le bœuf Apis debout et portant un disque qui est placé entre ses cornes.

Hauteur, 5 pouces 9 lignes.

46.****. Petite Statue.

Le même animal symbolique : sur son dos sont gravées des figures semblables à celles qu'on remarque sur un autre bronze publié par Caylus (1).

Hauteur, 5 pouces 1/2.

47.*. Petite Statue.

Le même animal, portant également un disque entre ses cornes.

Hauteur, 2 pouces 9 lignes.

48.***. Petite Statue.

Un Chakal debout, marchant entre deux *Agathodæmons*, dont les têtes supportent des mitres. Un bronze semblable a été publié par Montfaucon (2).

Hauteur, 5 pouces.

---

(1) *Recueil d'antiquités*, etc., t. 1, pl. 12.

(2) *Antiquité expliquée*, t. 11 (du Supplément), pl. 45, n°. 4.

49.*. Petite Statue.

Un Chakal debout.

>Hauteur, 4 pouces.

5o.***. Petite Statue.

Un Chat assis et qui porte une amulette suspendue sur sa poitrine.

>Hauteur, 4 pouces.

51.*. Amulette.

Un Chat assis.

>Hauteur, 2 pouces.

52. Petite Statue.

Un Oiseau à tête de femme.

>Hauteur, 14 lignes.

53.

Deux *Agathodæmons* placés à côté l'un de l'autre et dont les têtes supportent des disques. Montfaucon (1) a donné la figure d'un bronze semblable.

54.

D'autres Antiquités égyptiennes en bronze, qui ne sont point décrites, seront vendues sous ce numéro.

---

(1) *Antiquité expliquée*, t. 11 (du Supplément), pl. 47.

TERRES CUITES ÉMAILLÉES ;
FRAGMENT DE MOMIE.

55.*. Petite Statue émaillée en bleu.

Figure enveloppée dans un vêtement étroit qui est orné par devant d'une inscription hiéroglyphique, peinte avec une couleur brune.

Hauteur, 4 pouces 1/2.

56.*. Petite Statue.

Autre figure du même genre, ornée de cinq lignes d'hiéroglyphes.

Hauteur, 6 pouces.

57.*. Petite Statue.

Autre du même genre, dont les hiéroglyphes sont peints en violet foncé.

Hauteur, 3 pouces 9 lignes.

58.*. Petite Statue.

Autre du même genre, avec quatre lignes d'hiérogly-phes émaillés en bleu.

Hauteur, 4 pouces 5 lignes.

59. Petite Statue.

Huit figures du même genre, dont trois portent des hiéroglyphes tracés en creux.

Hauteur moyenne, 4 pouces.

60.*.

Quelques Amulettes émaillées en vert.

61.

Un bras de momie, placé sous une cage de verre.

ANTIQUITÉS GRECQUES,

ROMAINES et GAULOISES,

MARBRES, ALBATRE ORIENTAL, SERPENTINE, PIERRES DIVERSES.

62.***. Marbre grec.

Tête de Minerve, qui peut avoir fait autrefois partie d'une statue, et qui a été découverte à Fiesola, anciennement nommée *Fœsulœ*, en Etrurie.

Hauteur, 11 pouces.

63.**. Marbre grec.

Tête de femme (peut être de Vénus), dont les cheveux sont entourés par un bandeau, et qui a été trouvée dans le même lieu que celle dont il vient d'être parlé.

Hauteur, 11 pouces.

64.***. Bas-relief en marbre blanc.

Les trois Grâces debout et groupées ensemble : quelques parties de ce bas-relief ayant été détruites, sont restaurées.

Hauteur, 1 pied 11 pouces.

65.**. Marbre grec.

Buste (présumé) d'Apollon.

Hauteur, 14 pouces.

66.***. Petite Statue en marbre grec.

Figure de femme debout et voilée, qui tient dans sa main gauche un *volumen* roulé, et qui a près d'elle un griffon; on a cru reconnaître dans cette Statue l'image de Mnémosyne, mère des Muses et Déesse de la mémoire.

Hauteur, 16 pouces.

67.***. Petite Statue en marbre blanc.

Esculape debout : cette figure a été découverte à Lyon, et sa tête est restaurée.

Hauteur, 10 pouces 5 lignes.

68.**. Marbre blanc.

Buste de Tibère.

Hauteur, 15 pouces.

69.**. Marbre blanc.

Buste de Germanicus.

Hauteur, 7 pouces 1/2.

70.***. Marbre blanc.

Buste de Galba, dont la tête est ceinte par une couronne de laurier. Nous ne garantissons point l'antiquité de cette sculpture.

Hauteur, 1 pied 2 pouces 1/2.

71.**. Marbre blanc.

Buste de Domitien, qui représente ce prince dans sa jeunesse.

Hauteur, 6 pouces 1/2.

72.**. Marbre blanc noirci par le feu.

Buste de Julie, fille de Titus : ce marbre a été découvert à Nîmes.

Hauteur, 7 pouces 1/2.

73.**. Marbre blanc.

Buste de femme, dont la coiffure rapelle celle de quelques autres têtes sculptées sous le règne des Antonins.

Hauteur, 16 pouces.

74.**. Marbre blanc.

Buste de femme, qui a été découvert en France.

Hauteur, 1 pied.

75.**. Marbre blanc.

Tête de femme qui a été appliquée sur un fond.

Hauteur, 5 pouces 5 lignes.

76.*. Albâtre oriental.

Deux Vases à parfums.

Hauteur moyenne, 6 pouces.

77. Pierre blanche et tendre.

Parties de deux moules différens, dont l'un, qui contient cinq têtes de Méduse, paraît avoir servi au même usage que ceux déjà publiés par Ficoroni, Caylus et d'Agincourt (1).

Hauteur moyenne, 3 pouces.

---

(1) *Piombi antichi*, Recueil d'antiquités, t. 1, pl. 105, n°. 2. — *Recueil de fragmens*, etc., pl. 34, n°. 2.

Nous possédons un moule du même genre, mais qui est

78. Serpentine.

Un poids de forme ronde , sur lequel est gravée l'inscription suivante, dont quelques parties sont presqu'entièrement effacées.

EXAVGQIVNIRVSTICI.

Hauteur, 2 pouces 19 lignes.

79. Stéatite de couleur verte.

Tablette de forme carrée, dont chaque tranche porte une inscription latine, gravée en creux et qui servait de cachet à un médecin oculiste : elle a été trouvée à Naïs , département de la Meuse, en 1807. M. Tochon, d'Annecy, membre de l'Institut (1), a le premier fait connaître cet objet d'antiquité, qui a été ensuite reproduit et expliqué une seconde fois par M. Grivaud (2).

Largeur, 2 pouces.

80. Stéatite de couleur verte.

Un autre Cachet de médecin oculiste, qui a été trouvé à Nîmes ; il avait été publié par Walchius et Saxius : M. Tochon (3) l'a reproduit dans la savante dissertation que nous venons de citer.

Largeur, 11 lignes.

---

complet. Les sept espèces de petites médailles qu'on y coulait étaient de forme carrée ; d'un côté on voyait une palme et de l'autre les lettres suivantes , PA.

(1) *Dissertation sur l'inscription grecque ,* IACONOC ATKION *, et sur les pierres antiques qui servaient de cachets aux médecins oculistes ,* p. 72, n°. 28.

(2) *Recueil de monumens ,* etc., pl. 36, n°. 1.

(3) Pl. 67 , n°. 17.

81. Marbre blanc.

Six Inscriptions sépulcrales, dont une est grecque, et les cinq autres latines (1).

82.

Plusieurs Marbres qui ne sont point décrits, seront vendus sous ce numéro.

Largeur, 11 lignes.

BRONZES.

83..** Buste qui a servi à orner un objet inconnu.

Cybèle (ou une ville), dont la tête est couronnée de tours et voilée.

Hauteur, 2 pouces 2 lignes.

84. Visage d'un homme imberbe, et qui est coiffé d'une tiare phrygienne.

M. Grivaud (2) qui a publié ce bronze, a supposé qu'il représentait Atys.

Hauteur, 15 lignes.

85. As d'une livre romaine.

Sur l'un de ses côtés est figurée la tête de Janus *Bifrons*, et sur son revers une proue de vaisseau et le nombre 1.

---

(1) Toutes ces inscriptions sont rapportées dans le Catalogue Tersan, sous les numéros 67, 68, 69, 70, 72 et 74.

(2) *Recueil de monumens*, etc., pl. VIII, n°. 7.

86.***. Petite Statue.

Jupiter debout et qui tient un foudre à la main.

Hauteur, 4 pouces 1/2.

87.*. Petite Statue.

Jupiter debout et chaussé avec une cothurne très-élevé, tenant un foudre de la main droite ; sa main gauche s'appuie sur une roue qui peut être considérée comme un symbole de l'éternité : entre ses épaules est fixée une bélière dans laquelle est passé un anneau qui soutient huit gros fils de bronze tournés en spirale. Ce monument curieux a été découvert en France , et nous le croyons de fabrique gauloise ; une autre figure de Jupiter , qui semble se rattacher à celle que nous venons de décrire , se trouve sur un vase grec, en terre peinte, qui a été publié (1).

Hauteur, 5 pouces 10 lignes.

88.***. Buste.

Un enfant dont la tête est couverte par une tiare phrygienne , et qui peut-être représente Ganymède.

Hauteur, 4 pouces 1/2.

89.*. Petite Statue.

Un enfant coiffé comme celui qui précède, et qui tient dans ses mains un oiseau et une grappe de raisin.

Hauteur, 1 pouce 5 lignes.

90.***. Buste.

Tête humaine barbue , dans laquelle M. Grivaud (2)

____

(1) Passeri, *Picturæ etruscorum* , etc. , t. III , pl. 286.

(2) *Recueil de monumens* , etc. , pl. IX , n°. 3.

a cru reconnaître l'image de Neptune. Ce bronze a été découvert dans les environs de la ville de Sedan.

Hauteur , 4 pouces 9 lignes.

91. Ornement demi-circulaire.

Un Trident placé entre deux dauphins.

Hauteur, 2 pouces 10 lignes.

92.*. Buste.

Minerve casquée. Ce bronze a été trouvé près de Breteuil. M. Grivaud (1) en a donné la gravure.

Hauteur , 1 pouce 10 lignes.

93.***. Petite Statue.

Minerve debout, dont le bras droit qui est élevé, s'appuyait sur une *Haste*, qui est maintenant détruite.

Hauteur , 7 pouces 1/2.

94.****. Petite Statue.

Minerve (ou peut-être *Roma*) debout, les mains ouvertes et avancées, posant son pied droit sur un globe; cette belle figure a été recueillie dans les environs de Marseille. M. Grivaud (2) en a donné la gravure et la description.

Hauteur, 8 pouces 1/2.

95.*. Petite Statue.

Minerve debout , dont l'avant-bras droit est détruit.

Hauteur , 2 pouces 1/2.

____

(1) *Recueil de monumens* , etc. , pl. xiii, n°. 6.
(2) *Ibid*. , etc. , pl. xxiv , n°⁵. 1 , 2, 3.

96. Petite Statue.

Une femme assise et qui est vêtue de long, tenant avec ses deux mains une navette de tisserand d'une excessive longueur. On a supposé avec beaucoup de fondement (1), que cette figure représentait Minerve surnommée *Ergané*, (ouvrière) qui présidait à plusieurs arts et à différens genres de travaux mécaniques.

Les Thespiens avaient élevé une Statue à Minerve *Ergané* (2), qui, par une union ingénieuse, était accompagnée du jeune Plutus ; c'était à la même Déesse que les descendans de Phidias , chargés de conserver la statue de Jupiter à Olympie , offraient un sacrifice avant de remplir les fonctions qui leur étaient assignées (3). Les monumens qui la représentent sont très-rares, et le plus généralement connu est un bas-relief qui a été reproduit plusieurs fois (4); Minerve tient un fuseau (ou bien une quenouille), sur une médaille de la ville d'Ilium.

Hauteur, 6 pouces.

97. Petite Statue.

Vénus vêtue de long, et assise sur un char qui est traîné par quatre colombes ; derrière la déesse, et sur le même char, sont groupées en rond trois femmes, qui sont également ment vêtues, et qui peuvent représenter les Grâces.

---

(1) Catalogue Tersan , n°. 108.

(2) Pausanias , l. 9, c. 26.

(3) *Ibid* , l. v, c. 4.

(4) Mazochi, *In mutilum campani amphitheatri titulum* , pl. ii. Winkelmann , *Storia delle arti del disegno* , (édition de Fea) iii, 13. Millin , *Galerie mythologique* , pl. xxxviii , n°. 139.

Quelques parties de détail de ce bronze intéressant ont été restaurées ; M. Grivaud qui l'a publié (1), croit qu'il a été fondu dans la Gaule , vers le cinquième ou vers le sixième siècle de l'ère chrétienne.

Hauteur , 4 pouces 5 lignes ; largeur , 7 pouces.

98.**. Petites Statues dont les yeux sont en argent.

Une femme nue et debout , portant sur ses épaules un amour qui est à demi-enfoncé dans une espèce de crèche d'une forme particulière ; M. Grivaud , qui a publié ce bronze , pense qu'il formait originairement une anse de vase (2).

Hauteur , 7 pouces 5 lignes.

99.*. Petite Statue.

Vénus debout et la tête ceinte avec un diadème très-élevé , soutenant sa chevelure avec ses mains.

Hauteur , 2 pouces 1/2.

100.*. Petite Statue.

Vénus debout , soutenant ses cheveux avec l'une de ses mains , et tenant une pomme de l'autre.

Hauteur , 5 pouces 9 lignes.

101.**. Petite Statue.

Vénus debout , tenant avec sa main droite le bout d'une draperie légère qui voltige autour d'elle. Les pieds de cette figure sont détruits.

Hauteur , 2 pouces 5 lignes.

---

(1) *Recueil de monumens* , etc. , pl. xxv , n°s. 6 et 7.

(2) *Ibid.* pl. xxii , n°s. 4 , 5 , 6.

102.**. Petite Statue.

Une femme (peut-être Vénus), à demi-couchée et qui se regarde dans un miroir.

Largeur, 2 pouces 2 lignes.

103.***. Petite Statue.

L'Amour (ou peut-être un génie), tenant une pomme dans sa main gauche, et portant dans sa droite un objet inconnu.

Hauteur, 4 pouces 3 lignes.

104.** Petite Statue.

Apollon debout.

Hauteur, 3 pouces.

105.***. Petite Statue.

Diane debout, tenant sur sa main droite un petit quadrupède.

Hauteur, 7 pouces 1/2.

106.***. Petite Statue tronquée à la moitié de sa hauteur.

Diane *Lucifera*. M. Grivaud (1), qui a publié cette figure, indique qu'elle a été trouvée à Paris.

Hauteur, 2 pouces 10 lignes.

107.***. Statue.

Mercure debout, tenant la bourse et le caducée : sa tête est ceinte par une couronne, et une plume est placée entre les ailes qui sont fixées sur sa tête.

Hauteur, 3 pouces.

---

(1) *Recueil de monumens* , etc., pl. v , nᵒˢ. 6 et 7.

108.*. Petite Statue.

Mercure à demi-couché, tenant sa bourse et son caducée.

Largeur, 2 pouces.

109.**. Petites Statues.

Cinq autres figures du même Dieu , représenté debout
et avec ses attributs ordinaires.

Hauteur moyenne, 3 pouces 1/2.

110.**. Buste qui a servi à décorer un objet inconnu.

Bacchus couronné de pampres.

Hauteur, 2 pouces 1/2.

111.***. Buste auquel est attachée une bélière, et qui peut
avoir servi d'*ex-voto* ou de poids à une *romaine*.

Silène vu à demi-corps et couronné de lierre , tenant
une coupe dans sa main droite (1). Ce beau bronze, qui a
été trouvé à Lyon , présente encore quelques restes des
incrustations en argent dont il était enrichi. M. Grivaud
en a publié la gravure et la description (2).

Hauteur , 4 pouces 6 lignes.

112.*. Buste qui a servi de poids à une romaine.

Un Génie de Bacchus. Ce buste a été trouvé à Lyon , et
M. Grivaud en a donné la gravure (3).

Hauteur, 3 pouces 1/2.

113.***. Buste.

Un des génies de Bacchus , couronné de fleurs et de

---

(1) Cette dernière partie a été restaurée.
(2) *Recueil de monumens* , etc. , pl. 1 , n°. 1.
(3) *Ibid.* pl. 1 , n°. 7.

fruits , et portant une *nebris* qui est attachée sur son épaule droite.

Hauteur , 5 pouces 1/2.

114.****. Petite Statue qui a servi à orner un objet inconnu: elle a les yeux incrustés en argent, et la main gauche rompue.

Un des génies de Bacchus , sortant d'une touffe de feuilles de vigne ou de feuilles d'achante. Ce bronze, dont le travail est fort beau , a été découvert dans les environs de la ville de Tours. M. Grivaud en a donné la gravure (1).

Hauteur, 5 pouces 9 lignes.

115 **. Petite Statue.

Un faune barbu à demi-agenouillé , et portant sa main droite à sa tête. Cette figure, qui paraît appartenir à l'ancien style de l'art, ou à son imitation, est fracturée du bas.

Hauteur, 2 pouces 1 ligne.

116.**. Petite Statue.
Un Satyre qui saute.

Hauteur, 1 pouce 11 lignes.

117.**. Petite Statue.

Hercule jeune debout , et levant sa massue avec sa main droite.

Hauteur, 4 pouces 9 lignes.

118.**. Petite Statue.

Hercule sans armes et sans sa peau de lion , représenté dans l'action de lutter.

Hauteur, 3 pouces 5 lignes.

____

(1) *Recueil de monumens* , etc., pl. xxv , n°. 5.

119.*. Petite Statue.

Hercule debout.

Hauteur, 1 pouce 10 lignes.

120.*. Petite Statue.

Hercule dont le corps est velu et entouré par une ceinture, élevant sa massue. Ce bronze singulier nous paraît être de travail gaulois.

Hauteur, 3 pouces 8 lignes.

121.*. Petite Statue.

Castor debout près d'un cheval. Ce bronze a été publié par M. Grivaud (1).

Hauteur, 13 lignes.

122..** Petite Statue.

L'Abondance debout, soutenant une corne remplie de fruits avec sa main gauche, et appuyant l'autre main sur une amphore. Cette figure a été publiée par M. Grivaud(2), et elle a été trouvée près de la ville de Sedan.

Hauteur, 5 pouces 8 lignes.

123.*.** Petite Statue.

Une Fortune Panthée, qui porte sur sa tête les attributs d'Isis , et qui tient un gouvernail avec sa main droite ; son autre main est détruite.

Hauteur, 5 pouces.

-----

(1) *Recueil de monumens* , etc. , pl. xxii , n°. 7.

(2) *Ibid .* , pl. ix , n°s. 4 et 5.

124..** Petite Statue.

La Fortune debout, portant sur sa tête les attributs d'Isis, tenant un gouvernail avec sa main droite, et soutenant contre son épaule gauche une double corne d'abondance dont chaque partie contient une pomme de pin.

Ce bronze a été découvert à Lyon. M. Grivaud en a publié la gravure (1).

Hauteur, 3 pouces 2 lignes.

125..** Demi-relief qui a été appliqué sur un objet inconnu.

Un Sphinx couché et qui paraît appartenir à l'ancien style de l'art, ou à son imitation.

Largeur, 2 pouces 3 lignes.

126..** Petite Statue qui a dû servir de pied à un coffret.

Une Sirène (ou peut-être une harpie.)

Hauteur, 1 pouce.

127.*.** Petite Statue.

Figure héroïque debout et portant une draperie qui retombe de son épaule gauche sur son bras.

Hauteur, 2 pouces 4 lignes.

128..** Petite Statue.

Figure d'un homme imberbe et nu, représenté debout et la tête ceinte par une couronne de laurier. Ce bronze a été découvert près de la ville de Bordeaux.

Hauteur, 11 pouces 6 lignes.

---

(1) *Recueil de monumens*, etc., pl. xix, n°. 4.

129.*. Petites Statues.

Deux figures d'hommes nus, qui sont remarquables par leur extrême petitesse.

Hauteur, 6 et 8 lignes.

130. Petite Statue.

Une figure virile debout et nue, d'un travail ancien et barbare.

Hauteur, 4 pouces 1/2.

131.***. Patère de forme ronde, garnie d'un manche.

Sur cette patère, qui n'appartient point à l'ancien style de l'art, est gravé en creux un cavalier lançant un javelot.

Largeur, 10 pouces.

132.*. Espèce de *truelle* de forme carrée, et garnie d'un manche: cet instrument peut avoir servi à découper les chairs des victimes offertes dans les sacrifices.

Sur la partie qui avoisine son manche est tracée la figure d'un cavalier, indiquée par une suite de points qui en forme les contours.

Largeur, 8 pouces 9 lignes.

133.**. Petite Statue.

Un homme imberbe et nu, qui appuie sa main gauche sur un hermès terminé en gaîne. Dans cette figure, qui n'offre aucun des attributs qui pourraient la faire reconnaître, M. Grivaud a cru retrouver Mercure (1), et dans l'hermès qui est placé près de lui, un *Hermisis*, qui n'est point encore connu par les monumens déjà publiés, et dont

---

(1) *Recueil de monumens*, etc., pl. v, n°. 4.

l'existence ne paraît pas suffisamment déterminée par le
brouze dont nous donnons la description (1).

Hauteur, 2 pouces.

134.**. Petite Statue.

Un homme dont le corps et la tête sont couverts par
une toge, et qui est couronné de laurier, tenant dans
ses mains une patère et une corne d'abondance.

Hauteur, 2 pouces 9 lignes.

135.*. Petite Statue.

Figure debout et à demi-couverte par une draperie,
tenant une patère avec sa main droite.

Hauteur, 2 pouces 1/2.

136.*. Petite Statue.

Un *Pocillator*, tenant un *rhyton* et une patère.

Hauteur, 3 pouces.

137.*. Petite Statue.

Un homme debout, vêtu d'une tunique, et tenant à sa
main un objet peu reconnaissable.

Hauteur, 2 pouces 11 lignes.

138.*. Petite Statue.

Une femme à demi-vêtue et assise, tenant avec sa
main droite un objet qui nous est inconnu. Ce bronze, qui
a été trouvé près de la ville d'Amiens, a été publié par
M. Grivaud (2).

Largeur, 16 lignes.

---

(1) Millin, *Annales encyclopédiques*, 1817, t. 5, p. 182.
(2) *Recueil de monumens*, etc., pl. xxv, n°. 3.

139..** Petite Statue.

Un chasseur armé d'un javelot qu'il présente devant lui.
Cette figure a été découverte près de la ville de Sedan ;
M. Grivaud en a publié la gravure (1).

Hauteur, 1 pouce 1/2.

140..** Petite Statue,

Un jeune enfant assis et qui parait effrayé.

Hauteur, 16 lignes.

141..** Petite Statue.

Un enfant assis, et qui porte peut-être un costume
gaulois.

Hauteur, 5 pouces 5 lignes.

142..** Buste.

Figure africaine et inconnue.

Hauteur, 2 pouces 5 lignes.

143..** Petite Statue.

Un prisonnier barbare et à demi-agenouillé, les mains
attachées derrière le dos , sous un bouclier de forme
hexagone ; sa tête parait contenue par une espèce de car-
can. Cette figure a été découverte à Reims, et M. Grivaud
en a donné la gravure (2).

Hauteur, 2 pouces 1/2.

144..** Buste.

Ce buste, qui est celui d'un enfant , nous paraît avoir
servi de poids à une *romaine*.

Hauteur , 5 pouces.

---

(1) *Recueil de monumens* , etc., pl. xxv , n°. 1.
(2) *Ibid.* , pl. v , n°. 2.

145..***. *Poids d'une romaine.*

Buste d'un homme imberbe , dont le col est entouré par un collier en forme de corde , comme celui qu'on remarque à la statue célèbre connue sous la dénomination de Gladiateur mourant , ainsi qu'à une autre petite figure en argent , découverte à Lyon , et qui fait partie de la belle collection de M. le baron Denon (1). Les yeux de notre buste sont incrustés en argent.

Hauteur, 8 pouces.

146..*. *Petit bas-relief de forme ovale.*

Une figure humaine d'un aspect hideux , agenouillée et portant un manteau qui est attaché sur la poitrine. M. Grivaud, qui a publié ce bronze (2), présume qu'il représente l'Amour dont le visage est couvert par un masque, dont nous n'avons pas cependant reconnu l'indication.

Hauteur, 16 lignes.

147..**. *Petite Statue.*

Un comédien debout et qui appuie son visage sur sa main droite. Cette figure a été trouvée à Châlons-sur-Saône. M. Grivaud en a donné la gravure (3).

Hauteur, 2 pouces 5 lignes.

148..**. *Petite Statue.*

Un Saltateur exécutant un tour d'équilibre.

Hauteur , 3 pouces 7 lignes.

---

(1) Ces colliers en forme de corde ou de torsade , se voient sur beaucoup de figures étrusques. (*Voy.* Gori, *Museum etruscum* t. 1.)

(2) *Recueil de monumens* , etc., pl. xxxii , n°. 5.

(3) *Ibid.* , pl. xxiii , n°. 3.

149.***.

Une très-belle jambe d'enfant.

Hauteur , 7 pouces 1/2.

150.*.

Petite main votive sur laquelle sont placés divers attributs symboliques ; plusieurs objets du même genre ont été publiés (1).

Hauteur , 2 pouces 2 lignes.

151.*.

Vingt-trois amulettes *ithyphalliques* , qui sont la plupart très-curieuses.

152.***. Ornement qui a servi à orner le manche d'un objet inconnu.

Partie antérieure d'un lion qui tient entre ses pattes de devant une tête de sanglier.

Largeur , 3 pouces 3 lignes.

153.***. Petites Statues.
Deux taureaux debout.

Hauteur moyenne , 4 pouces 2 lignes.

154.***. Petite Statue incomplète du bas.

Un sanglier qui peut avoir surmonté une enseigne légionnaire.

Longueur , 9 pouces 5 lignes.

____

(2) L'une des plus intéressantes a été publiée par Lachausse et par Thomasini. (Voy. *Manus Æneœ Cecropii votum*, Pl. 1.)

155. Petite Statue.

Un cheval debout et qui appuie l'un de ses pieds de devant sur un objet inconnu qui a la forme d'une S. Ce bronze, qui est de fabrique gauloise, a été trouvé à Noyers, près de la ville de Sedan. M. Grivaud en a donné le gravure (1).

Hauteur, 2 pouces 10 lignes.

156.*.

Deux cochons, un dauphin, deux souris et le devant d'une tête de bélier.

157.

Dix animaux différens qui sont presque tous émaillés et dont la fabrique est barbare.

158.**.

Deux animaux chimériques, qui ont servi de supports à un objet inconnu.

Hauteur, 2 pouces 11 lignes.

159.*.

Quadrassis, ou *as* de quatre livres romaines, portant de chaque côté la figure d'un bœuf.

Hauteur, 5 pouces 5 lignes ; largeur, 6 pouces 3 lignes.

160.

Un poids de forme ronde sur lequel est incrusté en

---

(1) *Recueil de monumens*, etc., pl. IV, n°. 1.

argent le nombre V; un autre poids antique semblable
a déjà été publié (1).

Diamètre, 2 pouces 9 lignes.

161.

Deux poids; sur l'un est gravé la lettre S.

Diamètre, 16 lignes.

162.***.

Une *romaine* garnie de ses crochets.

Largeur, 11 pouces.

163.

Quinze Sceaux (2).

164.***.

Un vase dont l'anse est formée par un buste d'amour
qui tient un cigne.

Hauteur, 5 pouces 5 lignes.

165.

Un vase et une petite coupe.

166.

Une boîte de forme ronde, avec son couvercle.

167.***.

Une lampe à deux lumignons, ornée par un génie ailé,
qui est placé debout sur son couvercle, et par une tête

---

(1) *Museum Kircherianum*, p. 169.
(2) Quelques-uns d'entr'eux ont été publiés par M. Grivaud.
Voy. pl. 36 de son Recueil de monumens antiques, etc.

de griffon qui forme son anse : les trois chaînes qui sont destinées à la tenir suspendue , offrent un travail assez curieux.

Longueur , 7 pouces 1/2.

168.***.

Une lampe montée sur un pied et qui est formée par une tête humaine dont le caractère est africain.

Hauteur , 4 pouces 8 lignes.

169.*.

Une autre lampe qui est très-bien conservée.

Largeur , 3 pouces 1 ligne.

170.*.

Un petit candélabre sur lequel est placée une lampe.

Hauteur , 4 pouces 5 lignes.

171.

Une épée , un fer de lance , un fer de flèche , et cinq instrumens en forme de *coins* , dont l'usage n'est pas encore bien connu.

172.

Un aplomb , deux gonds de porte et une clef.

173.**.

Un miroir complet dont la boîte est ornée par une médaille de Néron ; autre partie d'un miroir.

Diamètre du premier , 2 pouces 3 lignes.

174.**.

Une aiguille de tête dont le haut est orné par la figure

d'un chien. Ce petit objet de toilette a été trouvé près de la ville d'Arras. M. Grivaud en a donné la gravure (1).

Hauteur, 4 pouces 2 lignes.

175.

Douze bracelets et vingt-neuf fibules.

176.

Un *Strigille*, qui est parfaitement conservé.

Largeur, 9 pouces 1/2.

177.

Quarante-huit anneaux, avec clefs, pierres gravées, ou inscriptions.

178.

Styles de formes diverses ; pinces à épiler, spatules, dez à coudre, aiguilles, etc., etc.

179.

Une passoire et une cuiller.

180.

Une base de forme ronde et d'un très-bon style, qui a été trouvée dans le département de la Manche.

Hauteur, 1 pouce 8 lignes.

181

Lame (ou tessère) longue et étroite, sur laquelle est gra vée cette inscription rétrograde, en caractères étrusques.

ΣΙΤΤΙΤΝΙΤ ΣΙΧΑΠ

____

(1) *Recueil de monumens*, etc., pl. 34, n°. 4.

Cette inscription a été publiée dans un ouvrage dont le titre nous a échappé.

Largueur, 5 pouces 9 lignes.

182.

Plaque de forme ronde sur laquelle est rappelé le souvenir d'un vœu fait à Esculape et à Jupiter, par le Sénat et le Peuple romain, pour le rétablissement de la santé d'Annius-Vérus, dernier fils de Marc-Aurèle et de Faustine. Cette inscription curieuse porte les noms des consuls Junius Rusticus et Gordianus – Vettius (1). M. Grivaud a publié cette inscription (2).

Diamètre, 2 pouces.

183.

Inscription tracée avec des points, sur une petite plaque qui a été trouvée en France.

DEO OVNI
ORIGI SA
TVRNALIS
PAVLI FILIVS
EX VOTO D

Hauteur, 21 lignes.

184

Un osselet (3), et une asperge qui paraissent avoir été moulés sur nature.

----

(1) M. Millin a proposé une correction dans la lecture de cette inscription (*Voy.* Annales encyclopédiques, 1817, t. v. p. 185.)·

(2) *Recueil de monumens*, etc., pl. 36, n°. 7.

(3) Voy. Ficoroni, *I tali ed altri strumenti lusori, degli antichi romani*, pl. 88.

185.

Cent soixante - douze autres objets divers , dont la plupart seront détaillés.

PLOMB et FER.

186.*. Plaque en plomb, bas-relief.

Buste de Minerve (ou plutôt de *Roma*), portant sur la main gauche une petite statue de la Victoire, qui tient un sceptre et une couronne ; derrière la déesse sont représentés son bouclier et sa haste : la composition entière est entourée par une couronne de laurier.

Cet objet , dont la destination primitive nous est inconnue , a été découvert dans les ruines de l'amphithéâtre de Metz ; il a appartenu successivement à MM. d'Ennery et de Tersan : on le trouve gravé dans l'histoire de la ville de Metz (1. pl. 20) , dans le Recueil d'antiquités de Caylus (IV , p. 355), et enfin dans les antiquités publiées par M. Grivaud (1), qui en a donné la figure exacte et la description.

Hauteur, 4 pouces 5 lignes.

187.*. Plomb.

Une figurine, et trois olives de frondes ; sur ces dernières est tracée en relief l'abréviation suivante, ΑΜ., qui commence le nom de la ville d'Amphipolis en Macédoine,

(1) *Recueil de monumens* , etc., pl. xxx , n°. 1.

où elles ont été trouvées par M. Cousinéry, consul de
France à Salonique ; on lit souvent sur ces balles de plomb,
une menace à l'ennemi, et plus souvent encore le nom
du peuple à qui elles ont appartenu : le nom de Corinthe
est tracé sur l'une d'elles, qui a été trouvée à Corfou, et
qui appartient aujourd'hui à M. le comte de Blacas (1) ;
le voyageur Bartholdy (2) en a recueilli une autre au pied
du mont Ithome, qui paraît avoir servi aux Messéniens.
La magnifique collection de M. Durand en renferme un
grand nombre, parmi lesquelles il s'en trouve de très-
curieuses.

188***. Plomb.

Combat d'un lézard et d'une couleuvre, qui nous
semblent l'un et l'autre moulés sur nature. Nous plaçons
cet objet dans la classe des antiquités, d'après l'autorité
de M. Grivaud, qui paraît avoir connu les détails de sa
découverte.

Largeur, 6 pouces 4 lignes.

189. Fer.

Deux épées de longueur inégale.

190. Fer.

Treize objets différens, tels que fers de flèches, gonds
de porte, etc.

---

(1) Ce nom est indiqué de la manière suivante : KOPIN.
(2) *Voyage en Grèce*, t. II, p. 258.

TERRES CUITES POUSSÉES AU MOULE.

191.**. Petite Statue.

Diane *Lucifera*. Cette figure a été découverte à Pergame, ville de l'ancienne Mysie.

Hauteur, 6 pouces 8 lignes.

192.***.

Une espèce de piédestal de forme carrée, orné sur le devant par un bas-relief qui représente une divinité nue et ailée, à demi-couchée sur un taureau.

Hauteur, 5 pouces 1/2.

193.**.

Un *Guttus*, sur lequel est représentée la Victoire égorgeant un taureau.

194.**. Fragment d'un bas-relief.

Partie supérieure d'un homme barbu, dont la tête est couverte par un *Pileus*, semblable à celui que porte Ulysse sur les monumens qui représentent ce héros.

Hauteur, 3 pouces 3 lignes.

195.*.

Une petite figure ailée.

Hauteur, 1 pouce 10 lignes.

196.**. Petite Statue.

Une femme assise, qui tient un enfant sur ses bras, et qui peut représenter Junon *Lucine* (1).

Hauteur, 4 pouces 2 lignes.

197.**. Petite Statue.

Une femme assise, dont la tête est couverte par le *Calathus*.

Hauteur, 5 pouces.

198.**.

Buste inconnu dont la coiffure est ornée de trois rosaces.

Hauteur, 4 pouces.

199.**.

Trois petites têtes humaines.

Hauteur moyenne, 2 pouces.

200.**.

Une tête voilée et deux figurines qui ont été trouvées dans des tombeaux.

Hauteur moyenne, 6 pouces.

201.**.

Ving-cinq vases grecs en terre peinte, de formes diverses et de proportions inégales; quelques-uns d'entr'eux ont été envoyés d'Athènes par M. Fauvel.

---

(1) On connaît deux figures semblables ; l'une a été publiée par Dom Martin (*Voy*. Religion des Gaulois, t. II, pl. 41) ; la seconde appartient au Muséum de la ville de Lyon.

202..**

Treize vases de fabrique romaine, en terre rouge.

203.*.

Un grand nombre de fragmens qui faisaient partie de vases semblables aux précédens.

204..**

Deux parties de moules qui servaient à former des vases du même genre que ceux qui viennent d'être décrits. Ces deux fragmens curieux ont été découverts à St.-Nicolas , près de Nancy. M. Grivand en a publié la gravure et la description (1).

Hauteur moyenne , 4 ponces 1/2.

205.

Neuf parties de moules à médailles , et l'empreinte d'une médaille de Néron.

206.

Trois marques de tuiles sigillées : deux d'entr'elles ont été publiées par M. Grivaud (2).

207.

Une lampe sur laquelle est placée l'inscription suivante : ΠΟΛΥΕΥΚΤΟΥ ΤΟΥ ΑΓΙΟΥ. M. Grivaud (3) a donné la gravure

---

(1) *Antiquités gauloises et romaines trouvées dans les jardins du palais du Sénat* , pl. xvii , n°s. 2 et 3.

(2) *Ibid* , p. 163 , n°s. 3 et 4.

(3) *Recueil de monumens* , etc., pl. xxvi , n°. 4.

de cette lampe, qui paraît assez semblable à une autre
que M. d'Agincourt (1) a publiée.

208.

Autre lampe sous laquelle on lit : ΕΦΗCΚΕΝΤΟC. M. Grivaud (2) en a donné la gravure.

209.

Une lampe sous laquelle on lit : ΒΑΠΙΑΗΘΟΡΟΥ.

210.

Vingt lampes qui sont ornées la plupart avec des figures
ou des arabesques.

211.

Une gouttière formée par la partie antérieure d'un
chien, et qui est semblable à d'autres objets du même
genre qui ont déjà été publiés (3).

Hauteur, 5 pouces 4 lignes.

212.

Trois *Phallus*.

213.

Deux cochons, un chien et deux grenades. Ces divers
objets ont été découverts dans des tombeaux.

M. Millin a interprété différemment que M. Grivaud l'inscription qui se lit sur cette lampe (Voy. *Annales encyclopédiques*, 1817, t. v, p. 183).

(1) *Recueil de fragmens*, etc., pl. 22, n°. 11.

(2) *Recueil de monumens antiques*, etc., pl. xxvi, n°. 5.

(3) D'Agincourt, *Recueil de fragmens*, etc., pl. xxix,
n°. 1.

VERRES.

214.***.

Visage d'un enfant, en verre bleu.

Hauteur, 1 pouce 1/2.

215.**.

Trente empreintes en relief, qui représentent la plupart les têtes de quelques divinités.

216.**.

Une espèce de petit *Rhyton*, en verre coloré.

Largeur, 4 pouces 2 lignes.

217.**.

Fragmens de vases, sur lesquels étaient peintes en or diverses figures humaines. Les sujets représentés sur ces débris paraissent avoir beaucoup de ressemblance avec quelques-uns de ceux qui ont été publiés par Buonarotti(1).

218.*.

Fragmens de vases qui imitent les diverses nuances de la sardonix rubannée.

219.*.

Deux petits vases en verre coloré, et une coupe.

---

(1) *Osservazioni sopra alcuni frammenti di vasi antichi di vetro.*

220.*.

Trois petits vases en verre blanc.

221.

Deux petites coupes et dix *Lacrymatoires* (1).

222.

Fragmens de colliers, etc., etc.

223.

Trois dez à jouer.

OR, ARGENT ET SUBSTANCES PRÉCIEUSES.

224.***. Amulette en or.

Harpocrate debout et accompagné de plusieurs attributs.

Hauteur, 11 lignes.

225.**. Amulette en or.

Une figure humaine debout, portant une main sur sa bouche et l'autre main derrière elle.

Hauteur, 11 lignes.

226.***. Amulette en or.

La Fortune debout; derrière elle sont gravées les lettres qui suivent : ΛΑΡΞ.

Hauteur, 11 lignes.

---

(1) On peut consulter, sur le véritable usage de ces derniers vases, le Mémoire que M. le chevalier Mongez a inséré dans le Magasin encyclopédique. (1809, t. IV, p. 77 et suiv.)

227.** . Bague en or.

Sur son chaton est tracée en demi-relief une tête de femme, vue de face et qui est surmontée par le *Polus*.

228.** . Bague d'argent.

Son chaton est orné par une figure de femme debout et en demi-relief, qui peut être *Angeronia*, déesse du silence.

229.* . Calcédoine de forme ronde.

Visage de Méduse, vu de face.

Diamètre, 2 pouces 2 lignes.

230.** . Calcédoine.

Buste d'un empereur romain.

Hauteur, 5 pouces 2 lignes.

231.* .

Deux médailles en or, du bas empire, montées en amulettes.

232.*** . Calcédoine.

Buste d'un enfant, placé sur une base ronde en bronze. Cet objet précieux a été découvert à Lyon.

Hauteur du Buste, 5 pouces 1/2.

233.*** . Ivoire monté en argent doré.

Visage d'un enfant très-bien conservé et d'une excellente exécution.

Hauteur, 2 pouces.

234.**. Argent.

Une figurine qui représente un homme debout élevant son bras droit vers sa tête, et qui tient son bras gauche enveloppé dans son manteau. Cette figure a été trouvée à Sedan. M. Grivaud en a publié la gravure (1).

Hauteur, 11 lignes.

235.**. Argent.

Un Romain vêtu avec une toge, et dont la main droite est détruite.

Hauteur, 13 lignes.

236.*. Calcédoine montée en argent doré.

Visage d'une femme dont la bouche est ouverte.

Hauteur, 1 pouce 4 lignes.

237.*. Argent.

Un anneau formé par un serpent. Plusieurs anneaux de ce genre sont connus; l'un d'eux a été publié par M. le comte de Clarac (2).

238.*. Or.

Une bague dont le chaton est orné d'un dauphin.

239.*. Or.

Un anneau qui est formé par un serpent amphisbène.

---

(1) *Recueil de monumens*, etc., pl. IV, nᵉ. 2.
(2) *Pompei*, pl. V, nᵉ. 16.

Il a été trouvé à Noyers près de Sedan. M. Grivaud (1) en
a publié la gravure.

240. Ivoire.

Deux tessères , l'une rappelle par une inscription grecque les jeux *Actiaques* célébrés par la ville d'Hiérapolis ,
et la seconde contient des inscriptions latines.

241. Ivoire.

Plusieurs objets sculptés , parmi lesquels on distingue
quelques figures intéressantes.

242. Or.
Une petite *Bulla*.

243.*. Argent.
Une grande fibule.

244.*. Argent.
Six agrafes ou autres objets du même genre.

245. Cristal de roche. Amulette.
Deux mains qui se pressent mutuellement.

246. Corail monté dans le 16ᵉ. siècle.
Une main.

247. Or.
Une boucle d'oreille ornée par une tête de lion, et

____

(1) *Recueil de monumens* , etc. , pl. v , n°. 5. Caylus en
a fait graver un semblable. (t. II , p. 311).

qui a été découverte dans une tourbière, près de la ville d'Amiens. M. Grivaud (1) en a publié la gravure.

248.*. Or.

Une boucle d'oreille formée par une coquille à laquelle est suspendue une poire.

249. Or.

Une amulette phallique, dont l'un des côtés est terminé par une main humaine qui est fermée. M. Grivaud (2) en a donné la gravure.

250. Argent.

Une petite figure humaine qui forme un dez à jouer. Cet objet singulier a été publié par M. Grivaud (3).

251. Cristal de roche.

Un dez à jouer.

252. Or.

Une bague dont le chaton est orné par le monogramme de J. C.

253. Cristal de roche, Calcédoine et Sardoine.

Trois poissons montés en or, et qui ont été découverts dans les catacombes de Rome : l'un d'eux a été publié par M. Grivaud (4).

___

(1) *Recueil de monumens antiques*, etc., pl. 21 , n°. 6.
(2) Ibid, etc., pl. 1 , n°. 10.
(3) Ibid, etc., pl. xv , n°. 11.
(4) Ibid, etc., pl. xxi , n°. 7.

254.*. Argent.

Deux cuillers dont l'une est incomplète, et une épingle de tête.

255.

Les objets qui appartiennent à cette série, et qui ne sont point décrits, seront vendus sous ce numéro.

OBJETS DIVERS.

256.—Un grand nombre d'antiquités de divers genres, et qui ne sont point décrites, seront vendues sous ce numéro ; parmi elles se trouve un objet inconnu, semblable à deux autres qui ont été publiés par Caylus et par Grosson (1).

DESSINS DE MONUMENS ANTIQUES.

257. — Quatre volumes qui renferment une grande quantité de dessins faits à la plume, d'après des monumens antiques et du moyen âge, qui se trouvaient en France et dans d'autres parties de l'Europe. Ce recueil important, qui contient beaucoup de pièces curieuses et inédites, accompagnées de notes très-étendues, nous paraît être

---

(1) *Recueil d'antiquités*, etc., t. 6, pl. 28, n°. 4. *Recueil des antiquités et monumens Marseillais*, pl. 31, n°. 8.

en partie le résultat des voyages de feu M. l'abbé de
Tersan.

258—Dessins des antiquités découvertes pendant les
années 1772—1774, dans les fouilles de la ville du Châ-
telet, en Champagne. Ces dessins sont accompagnés d'une
dissertation de feu M. Grignon, sur les mêmes monumens.

259—Dessins coloriés de la plupart des antiquités qui
composaient la collection de feu M. d'Hermand, di-
recteur général des consulats de France, au levant ; 219
pièces.

260—Dessins d'après lesquels ont été gravées les planches qui accompagnent les deux principaux ouvrages publiés par M. Grivaud ; l'un sur les antiquités découvertes
au jardin du Luxembourg, et l'autre sur les monumens
trouvés dans l'ancienne Gaule.

261—Dessins de quarante-sept médailles grecques et
romaines, dont une partie chargée de contre-marques, et
l'autre offrant des revers rares ou inédits. La plupart des
médailles figurées sont tirées des cabinets de MM. de la
Tour-Maubourg, d'Hermand et Grivaud.

262—*Della Sicilia, di Filippo Paruta descritta con
medaglie.* Palerme, 1612, un volume manuscrit, in-4°.
avec figures.

263—Les articles qui appartiennent à ce genre, et
qui ne sont point décrits, seront vendus sous ce numéro.

MONUMENS ORIENTAUX.

264.*.** Petite Statue en bronze.

Une divinité indienne, représentée assise à l'orientale, et dont le nom nous est inconnu.

Hauteur, 2 pouces 1 ligne.

265..** Bas-relief découpé à jour, en bronze.

Une autre divinité indienne, assise sur un objet dont la forme ne nous est pas connue. Près d'elle sont placées deux figures d'une plus petite proportion.

Hauteur, 4 pouces 10 lignes.

266. Argent.

Un *Lingam* indien et une plaque d'honneur, garnis de chaînes en même métal.

267. Jade.

Deux plaques talismaniques sur lesquelles sont gravées les louanges de Dieu, en langue arabe.

MONUMENS DU MOYEN AGE

ET MODERNES:

SCULPTURES, SCEAUX, MÉDAILLES, BIJOUX, etc.

268.** . Bas-relief en ivoire.

Ganymède enlevé par l'aigle de Jupiter.

Diamètre, 2 pouces 5 lignes.

269.** . Bas-relief en marbre blanc.

Vénus *Victrix*. Ce bas-relief, dont la composition se trouve sur quelques pierres gravées antiques, est peut-être d'un travail assez ancien.

Hauteur, 7 pouces.

270.** . Bas-relief en albâtre.

L'Amour monté sur un dauphin.

Largeur, 4 pouces 9 lignes.

271.** . Petite Statue en albâtre.

Pan, jouant de la double flûte.

Hauteur, 9 pouces.

272.** . Bas-relief en bronze.

Sacrifice à Priape.

Largeur, 1 pied 1/2.

273.*** . Petite Statue en bois.

Hercule combattant le lion de la forêt de Némée.

Hauteur, 6 pouces 1/2.

274.**. Bas-relief en bronze.

Hercule combattant un moustre à tête de femme, qui peut être l'*Echidne*.

Hauteur, 3 pouces 1/2.

275.**. Bas-relief en ivoire.

Hercule combattant un centaure.

Hauteur, 5 pouces.

276.**. Bas-relief en marbre blanc.

La Sainte Vierge en adoration devant l'Enfant-Jésus.

Hauteur, 6 pouces 1/2.

277**. Ivoire.

Fragment d'une crosse d'évêque; sur l'un de ses côtés est représenté J. C. sur la croix; sur le côté opposé est sculptée la Sainte Vierge, entourée par des anges.

Hauteur, 4 pouces 3 lignes.

278.*. Cuivre.

Un oratoire à deux volets, et du moyen âge, orné de bas-reliefs dont les sujets sont tirés de l'Histoire Sainte.

Hauteur, 3 pouces 4 lignes.

279.**. Ivoire.

Onze figures de Saints, de travail ancien, et qui ont été primitivement appliquées sur un fond.

Hauteur, 4 pouces.

280.*. Cuivre émaillé.

Un bassin dont le centre est orné par l'écusson de

France, entouré par six autres écussons qui appartiennent à autant de familles illustres de la monarchie. M. Grivaud (1), qui a donné une gravure fidèle et une bonne dissertation sur cet objet précieux, présume qu'il a été exécuté sous le règne de Charles V, roi de France.

Diamètre, 8 pouces 9 lignes.

281.*. Petite Statue en bronze.

Un guerrier à cheval armé de toutes pièces.

Hauteur, 9 pouces 3 lignes.

282.*. Bronze.

Quinze sceaux du moyen âge, sur la plupart desquels sont gravés des sujets de piété.

283.**. Bronze.

Sceau de Charles IX, roi de France.

284.***. Cristal de roche.

Buste de Louis XIII, roi de France.

Hauteur, 5 pouces.

285.****. Peinture en émail.

Portrait de Louis XIV, roi de France, peint par Petitot. Ce portrait est placé sur une boîte d'écaille montée en or.

Hauteur de l'émail, 14 lignes.

286.****. Ivoire.

Un buste d'homme du siècle de Louis XIV, et qu'on

---

(1) *Recueil de monumens*, etc., pl. 39, n°. 1.

croit représenter le ministre Colbert dans sa jeunesse. Ce buste précieux par la beauté de son travail, appartenait autrefois à la magnifique collection de feu M. le baron Van-Hoorn, amateur hollandais, mort à Paris en 1809.

287.***. Petite Statue en ivoire.

Un enfant debout, et dont la sculpture est attribuée à François Flamand.

Hauteur, 6 pouces 1/2.

288.***. Cristal de roche.

Buste de femme inconnue.

Hauteur, 2 pouces 1 lignes.

289.**. Petite Statue en ivoire.

Une femme assise.

Hauteur, 3 pouces 2 ligne.

290.*. Bas-relief en marbre rouge antique.

Un masque humain, vu de face.

Diamètre, 3 pouces.

291.**. Coquilles.

Trois camées dont l'exécution est soignée.

292.**. Bronze.

Un lézard qui paraît avoir été moulé sur nature.

293.**. Ivoire.

Un petit buste, un éléphant et quelques autres objets en même matière.

294.**.

Une petite tête d'enfant, sculptée en bois, et une amulette en jaspe.

295.**. Bronze.

Vingt-sept médailles frappées en l'honneur de la Famille royale.

296.*. Cornaline orientale.

Sceau du consulat de France à Bassora.

297. Bronze.

Dix-sept sceaux modernes.

298.***. Petite Statue en or émaillé, travail du 16e. siècle.

La mort debout et tenant sa faux; sous sa base, qui forme un cachet, est gravé un sablier entouré par l'inscription suivante; ATENT LEVRE.

299.

Un nombre assez considérable d'objets qui ne sont point décrits dans ce Catalogue, et qui appartiennent à cette série, seront vendus sous ce numéro.

TABLEAUX DE DIVERSES ÉCOLES.

300.

Le petit nombre d'articles de ce genre que possède notre collection seront divisés sous ce numéro.

DESSINS DE DIVERSES ÉCOLES.

301.***. Pietro Vanucci *dit* le Perugin, mort en 1524.

Une tête de vieille femme, dessinée sur papier coloré et rehaussée de blanc.

302.****. Raffaelle Sanzio, mort en 1520.

L'adoration des Rois, dessin lavé au bistre ; cette magnifique composition a été exécutée en tapisserie, à Rome.

303.**. Giulio Pippi (*dit*) Jules Romain, mort en 1546.

Figure d'un homme qui est debout et cuirassé ; dessin lavé au bistre.

304.**. Par le même.

Études de têtes de chevaux ; dessin à la plume.

305.**. Perino del Vaga, mort en 1547.

Croquis lavé au bistre, d'après la célèbre peinture antique connue sous la dénomination de *Noce aldobrandine*.

306.***. Bandinelli (Baccio), mort en 1559.

Trois solitaires qui méditent devant une tête de mort ; dessin à la plume.

307.***. Tiziano Vecellio *dit* le Titien, mort en 1576.

St.-Hubert en adoration devant une biche miraculeuse qui lui était apparue ; dessin à la plume.

308.**. Par le même.

L'adoration des bergers; dessin à la plume.

309.**. Muziano (Girolamo), mort en 1592.

La Cène; dessin à la plume.

310.***. Zuccaro (Federico), mort en 1609.

Imitation de l'une des compositions de Raphaël; dessin lavé au bistre et rehaussé de blanc.

311.***. Ludovico Carracci, mort en 1619.

Un solitaire visité par des anges; dessin lavé au bistre sur un papier teinté.

312.***. Jacopo Palma, mort en 1628.

Cinq têtes de vieillards; dessin lavé au bistre.

313.***. Rubens (Pierre-Paul), mort en 1640.

Etudes d'enfans; les unes lavées au bistre, et les autres coloriées.

314.***. Dominico Zampieri, mort en 1641.

Des pélérins assistant à une prédication; dessin exécuté à l'encre de la Chine, sur papier bleu.

315.**. Par le même.

La prédication de St.-Jean; dessin lavé à l'encre de la Chine sur papier blanc.

316.***. Guido Reni, mort en 1642.

J. C. embrassant le jeune St.-Jean; dessin à la plume.

317..** Cantarini *dit* le Pesarese, mort en 1648.

Trois garçons et trois jeunes filles, assis au pied d'un arbre; dessin au bistre et rehaussé de blanc.

318..** Stephano della Bella, mort en 1664.

Deux paysages dessinés à la plume.

319.*.** Poussin (Nicolas), mort en 1665.

Coresus et Callihroée (1); dessin lavé au bistre.

320..** Moucheron (Frédéric), mort en 1686.

Un paysage enrichi de figures; dessin colorié, exécuté sur un papier bleu.

321.

Une grande quantité d'autres dessins de toutes les écoles, parmi lesquels on remarque quelques beaux ouvrages de Callot, Pérelle, etc., qui n'ont pu être catalogués, seront vendus sous ce numéro.

MANUSCRITS.

322—Lettre écrite au roi François Ier. par MM. Duprat, De Selve, Gedoyn et Lavernade, sur les propositions que le chancelier de Flandres avait mises en avant pour traiter de la paix avec la maison de Bourgogne,

----

(1) Pausanias, liv. VII, c. 21.

l'empereur et le roi d'Espagne. Signatures originales. (1521.)

3₂3—Lettres patentes du roi François Ier. en faveur de Guillaume Delalande. Signature originale du roi. (1540.)

3₂4—Mandement du même roi, donné à M^e. Jehan Duval, pour le paiement de la compagnie des 80 lances. Signature originale. (1541.)

3₂5—Ordonnance du même Prince, relative à un compte de finances. Signature originale. (1542.)

3₂6—Abrégé des accords et conventions entre le roi Henri IV et la ligue. (1585.)

3₂7—Récit de l'exécution de la reine Marie Stuart, traduit de l'anglais en français. (1587).

3₂8—Remontrance aux Français rébelles, écrit composé en faveur de Henri IV. (1589.)

3₂9—Deux lettres adressées par le roi Henri IV à M. de Lussan (1598 et 1599), et une troisième lettre écrite en 1576, à M. de Rambouillet. Signature originale.

330—Ordre donné par le même Roi, pour procéder à la saisie des biens d'un évêque qui avait refusé de faire reconduire chez elle (et aux frais dudit évêque) une femme prétendue possédée du démon. Paraphe du roi. (1600.)

331—Forme de la réception de M. de Rambouillet, ambassadeur du roi Louis XIII, près la cour d'Espagne. (1626 ou 1627.)

332—Conférences pour le traité de Quérasque, conclu en 1631.

333—Contrat de mariage de madame la marquise de Laval. (1633.)

334—Huit lettres du cardinal de Mazarin, adressées à M. le marquis de Castelnau, gouverneur de Brest. Signature originale. (1644 et années suivantes.)

335—Recueil d'épigrammes et d'épitaphes satyriques, faites sur le cardinal de Richelieu, le cardinal de Mazarin, le ministre Colbert et le surintendant Fouquet.

336—Recueil de poésies légères de Voltaire, St.-Lambert, Gentil-Bernard, etc. Quelques notes placées sur les marges de ce recueil annoncent que plusieurs des pièces qui le composent sont inédites.

337—Quelques autres manuscrits, qui ne sont pas annoncés, seront vendus sous ce numéro.

LIVRES IMPRIMÉS.

THÉOLOGIE.

338—Confessions de St.-Augustin, par Arnauld d'Andilly. *Paris*, 1651, 1 *vol. in-8°. rel.*

BEAUX-ARTS.

339—Conférences de M. Lebrun, premier peintre du Roi, sur l'expression générale et particulière de la physionomie. *Amsterdam*, 1698, 1 *vol. in-12, fig. rel.*

340—Galerie du Musée Napoléon, par Filhol et Lavallée. *Paris, an* 12 (1804), 10 *vol. grand in-*8°. *dem.-rel. fig.*

341—Annales du Musée et de l'École moderne, par Landon. *Paris* (années 1808, 1810, 1812, 1814, 1817), 5 *vol. in-*8°. *fig. dem.-rel.*

342—Manuel des amateurs de l'art. *Cortone,* 1797, 9 *vol. in-*8°. *rel.*

GÉOGRAPHIE, HISTOIRE ANCIENNE et MODERNE, VOYAGES.

343—Strabonis rerum geographicarum, Libri XVIII. Isaacus Casaubon recensuit. *Genève,* 1587, 1 *vol. in-f°. cart.* (Cet exemplaire a appartenu à M. d'Ansse de Villoison.)

344— Éclaircissemens géographiques sur l'ancienne Gaule, précédés d'un traité des mesures itinéraires. *Paris,* 1763, 1 *vol. in-*12, *dem.-rel.*

345—Tablettes géographiques pour l'intelligence des historiens et des poëtes latins. *Paris,* 1755, 2 *vol. petit in-*12, *rel.*

346—Précis de la géographie universelle, etc., par M. Malte-Brun. *Paris,* 1810, 1817, 5 *vol. et un atlas, in-*8°. *dem-.rel.*

347—Diogenis Laërtis, de vitâ et moribus Philosophorum, libri X. *Parisiis,* 1560, 1 *vol. in-*16, *doré sur tr.*

348—Commentaires de César, avec le texte en regard de la traduction, par Wailly. *Paris,* 1812, 2 *vol. in-*12. *rel.*

349—Sallustii Crispi , bellum Catilinarium. *Amstero-dami.* 1621 , 1 *vol. rel. maroq.*

350—Suetonius Tranquillus cum annotation. diversor. *Amsterodami,* 1645 , 1 *vol. in-18 , rel.*

351—Pausanias , ou voyage historique de la Grèce , traduit par Gedoyn. *Paris,* 1731 , 2 *vol. grand in-4°. rel.*

352—Herodiani , historiæ de imperio post Marcum , Lib. VIII. Angelo Politiano interprete. *Lugduni ,* 1596 , 1 *vol. in-8°. rel.*

353—Justinii historiarum ex Trogo Pompeio , libri XLIV. *Parisiis,* 1760 , 1 *vol. in-18. rel.*

354—Florus Gallicus sive rerum à veteris Gallis bello gestarum ; epitorum A. Petro Berchant. *Parisiis ,* 1632 , 1 *vol. in-18 , parch.*

355—Mémoires de l'Académie des inscriptions et belles-lettres (depuis 1722 jusqu'en 1781). *Paris,* 81 *vol. in-12 , fig. rel.*

356—Les Fables Egyptiennes et Grecques dévoilées , etc , par dom Pernety. *Paris,* 1758, 2 *vol. in-12 , rel.*

357—Histoire de l'Art chez les anciens , par Winkel-mann. *Paris,* an XI (1802), 3 *vol. in-4°. fig. rel.*

358—Imperatorum et Cæsarum vitæ cum imaginibus ad vivam effigiem expressis , par J. Hatychiem. *Lugduni ,* 1550 , *vol. in-12 , fig. rel.*

359—Discours de la religion des anciens Romains , et leur castrametation , par Duchoul. *Wesel ,* 1672 , 1 *vol. in-4°. fig. rel.*

360—Roma subterranea novissima auct. P. Aringlis. *Arnhemeiæ*, 1671 , 2 *vol. in*-16, *fig. rel.*

361—Sexti Aurelii victoris historiæ Romanæ , etc. *Trajecti ad Rhenum*, 1596, 1 *vol. in*-8º. *fig. rel.*

362—De notis Romanorum commentariis Sertorius Ursatus. *Patavii*, 1677, 1 *vol. petit in-fº. rel.*

363—Ritratto di Roma antica , etc. *Roma*, 1645, 1 *vol. in*-12 , *fig. rel.*

364—Mœurs et usages des Romains. *Paris* , 1764 , 2 *vol. in*-12 , *rel.*

365—Octavi Ferrarii de re vestiariâ libri tres. *Patavii* , 1642 , 1 *vol. in*-16 , *fig. rel.*

366—Tablettes chronologiques de l'Histoire universelle, par Lenglet Dufrenoy. *Paris* , 1778 , 2 *vol. in*-12 , *rel.*

367—Discours sur la nature et les dogmes de la religion Gauloise, par de Chiniac de la Bastide. *Paris* , 1769, 1 *vol. in*-12 , *rel.*

368—Monumens de la Mythologie et de la Poésie des Celtes, par Mallet. *Copenhague*, 1756 , 1 *vol. in*-4º. *rel.*

369—Mémoires de l'Académie Celtique. 6 *vol. in*-8º. *pl. dem. rel.*

370—Antiquités de la ville de Nîmes , par Deyron. *Nîmes* , 1663, 1 *vol. in*-4º. *rel.*

371—Antiquités de la ville de Lyon, par le P. Dominique Colonia. *Lyon*, 1701 , 1 *vol. in*-12 , *rel.*

372—Alsatia illustrata Celtica, Romana, Francica. Auctor, J. Daniel Schoepflinus. *Colmariæ*, 1751, *2 vol. in-f°, fig. rel.*

373 —Histoire philosophique et politique du commerce des Deux Indes, par Raynal. *Paris, 3e. année répub.* 10 *vol. in-8°.* (et un atlas), *dem.-rel.*

374—Voyage au nouveau Mexique, traduit de l'anglais, par madame Breton. *Paris*, 1812, *2 vol. in-8°. dem-.rel.*

375—Voyage en Crimée et sur les bords de la mer Noire, en 1803, par Reuilly. *Paris*, 1806, 1 *vol. in-8°. dem.-rel.*

376—Description des beautés de Gênes et de ses environs. *Gênes*, 1788, 1 *vol. in-12, fig. rel.*

377—Relations historiques et curieuses des Voyages en Allemagne, etc., par Ch. Patin. *Amsterdam*, 1695, 1 *vol. in-12, fig. rel.*

378—Introduction à l'histoire générale et politique de l'Univers; par le baron de Pufendorf, continuée par Bruzen de la Martinière, jusqu'en 1743. *Amsterdam*, 1763, 7 *vol. in-12, rel.*

379—Mémoires pour servir à l'histoire de la fête des fous, par du Tilliot. *Lausanne et Genève*, 1751, 1 *vol. in-12, fig. rel.*

380—Journal de Pierre-le-Grand, de 1698 à 1714, par un officier Suédois. *Stockholm*, 1774, 1 *v. in-8°. rel.*

381—Histoire générale et particulière de Bourgogne, par dom Plancher. 2 *vol. in-f°. fig. rel.*

382—Contes et nouvelles de Bocace. *La Haye* , 1738 , 2 *vol. in-12 , rel.*

383—Les galanteries des rois de France. *Cologne* , 3 *vol. in-12 , fig. rel.*

384—Musée des monumens Français, par M. le Chevalier A. Lenoir. *Paris* , 1800—1803, 6 *vol. in-8°. dem. rel.*

MONUMENS ANTIQUES,
STATUES, BAS-RELIEFS , etc. etc.

385 — Laurenti Pignorii , mensa Isiaca Cecropii votum a Jac. Tomasino. *Amstelodami.* 1669 , 1 *vol. in-4°. parch.*

386—Gisb. Cuperi Harpocrates et monumenta antiqua inedita, etc. , *Trajecti ad Rhenum,* 1694 , 1 *vol. in-4°. fig. parch.*

387—Analyse de l'inscription en hiéroglyphes du monument trouvé à Rosette, par M. le chevalier Palin , ministre du roi de Suède, près la Porte Ottomane. *Dresde,* 1804 , 1 *vol. in-4°. fig. cart.*

388—Musæum Kircherianum à P. Philippo. Buonanni. *Romæ,* 1709 , 1 *vol. in-f°. fig. parch.*

389—Museum Cortonense, a F. Valesio, A. Gorio et R. Venuti notis illustratum. *Romæ,* 1750 , 1 *vol. in-4°. fig. rel.*

390—L. Begeri , Thesaurus Brandenburgicus Selectus. *Coloniæ marchicæ* , 1696 , 3 *v. in-f°. fig. dem.-rel.*

391—Galerie mythologique, par M. Millin. *Paris*, 1811, 2 *vol. in-8°. fig. rel.*

392—Galerie des antiques, par M. Legrand. *Paris*, 1803, 1 *vol. in-8°. fig. dem.-rel.*

393—Recueil d'antiquités Egyptiennes , Etrusques , Grecques et Romaines, par le comte de Caylus. *Paris*, 1761—1767, 7 *vol. in-4°. fig. rel.*

394—Recueil d'antiquités, par M. de la Sauvagère. *Paris*, 1770, 1 *vol. in-4°. fig. rel.*

395—Recueil d'antiquités Romaines et Gauloises, etc., par M. de Bast. *Gand*, 1804, 1 *vol. in-8°. fig. rel.*

396—Recueil d'antiquités trouvées à Avenches , Culm, etc. , par Schmidt. *Berne*, 1760, 1 *vol. in-4°. fig. rel.*

397—Museum Danicum ; *Haffniæ* , 1696, 1 *vol. in-f°. fig. rel.*

398—Marmora oxoniensia. *Oxonii*, 1676, 1 *vol. in-f°. fig. rel.*

399—Collection des Sculptures antiques , Grecques et Romaines , trouvées à Rome dans les ruines des palais de Néron et de Marius , par Adam. *Paris*, 1755, 1 *vol. in-4°. fig. rel.*

400—Monumenti antichi inediti, (par Guattani.) *Roma*, 1784, 1787, 3 *vol. in-4°. fig. cart.*

401—Le grand Cabinet romain, par Michel-Ange de La Chaussée. *Amsterdam*, 1706, 1 *vol. in-f°. fig. rel.*

402—Miscellanea eruditæ antiquitatis, (par Spon), *Lugduni*, 1685, 1 *vol. in-f°. rel.*

403—Recherches curieuses d'antiquités, par Spon. *Lyon*, 1783, 1 *vol. in-4°. fig. rel.*

404—Alb. H. de Sallengre. Novus Thesaurus antiquitatum Romanarum. *Hagæ Comit.* 1716 et 1719, 3 *vol. in-f°. fig. rel.*

405—Thomas Dempsteri, de Etruria regali. *Florentiæ, in-f°.* 1724, 2 *vol. in-f°.*

406—Vetera monumenta in quibus præcipuè musiva opera sacrarum profanarumque ædium stinctura, ac nonnulli antiqui ritus etc. J. Ciampini Romani. *Romæ*, 1690 et 1699, 2 *vol. in-f°. fig. rel.*

407—Antiquité expliquée, par dom Bernard de Montfaucon. *Paris*, 1719, 15 *vol. in-f°.* (dont 5 de supplément) *fig. rel.*

408—Diarium italicum, sive monumentorum veterum, etc., (par le même.) *Parisiis*, 1702, 1 *vol. in-4°. fig. rel.*

409—Religion des Gaulois, par dom Martin. *Paris*, 1727, 2 *vol. in-4°. fig. rel.*

410—Explication de divers monumens singuliers, par dom Martin. *Paris*, 1739, 1 *vol. in-4°. fig. rel.*

411—Antichita di Ercolano. *Roma*, 1789, 6 *vol. in-4°. fig. dem. rel.*

412—Lettre de Winckelmann au comte de Bruhl, sur

les fouilles d'Herculanum. *Dresde* , 1764 , 1 *vol. in-4°. fig. rel.*

413—Recherches sur les ruines d'Herculanum. Traité sur la fabrique de la mosaïque. Par M. Fongeroux de Bondaroy. *Paris* , 1770 , 1 *vol. in-12 , rel.*

414—Le Jupiter Olympien , par M. le chevalier Quatremère de Quincy. *Paris* , 1815 , 1 *vol. grand in-f°. fig. enlum. rel.*

415—Le Pitture Antiche del sepolcro dé Nasoni. Le lucerne antiche sepolcrali figurate, di G. P. Pietro Bellori. *Romæ* , 1691 et 1706 , 2 *vol.* (en un seul.) *in-f°. fig. rel.*

416 — Fortunio Liceti, de lucernis antiquorum reconditis Lib. VI. *Utini* , 1652 , 1 *vol. in-f°. fig. rel.*

417—Gliatti e monumenti de fratelli arvali, di Gaetano Marini, *in Roma* 1795 , 1 *vol. in-4°. fig. rel.*

418—Monumenta veteris Antii , etc. auctore Philippo a Turre. *Romæ* , 1700 , 1 *vol. in-4°. fig rel.*

419—Joannis Vignoli , de columna imperatoris Antonini Pii , dissertatio. *Romæ* , 1705 , 1 *vol. in - 4°. fig. parch.*

420—De dittici degli antichi , etc. , da sebast. Donati. *Lucca* , 1753 , 1 *vol. in-4°. fig. parch.*

421—Illustrium imagines ex antiquis marmoribus, numismata, et gemmis expressæ, (par Fabri.) *Antwerpiæ* , 1606 , 1 *vol. in-4°. fig. rel.*

422—Illustrium imagines, per Jacob. Mazochium. 1517, 1 *vol. in-12 , figures en bois , rel*

423—Jo. Casp. Eisenschmidii, de ponderibus et mensuris veterum Romanorum, Græcorum , etc. *Argentorati*, 1737 , 1 *vol. in-8°.*, *fig. rel.*

424—Lucernæ fictiles musei Passerii. *Pisauri*, 1739 , 3 *vol. in-f°*. *fig. rel.*

425—Jac. Philippi Thomasini de Tesseris hospitalitatis liber singularis. *Amstelodami*, 1670, 1 *v. in-16*. *fig. rel.* 1 *vol. in-16*, *fig. rel.*

426—Li marmi eruditi overo lettere sopra alcuni inscrizioni antiche di Orsato. *Padoua*, 1659, 1 *vol. in-4°.* *fig. parch.*

427—Petrus Ciacconius Toletanus, de triclinio Romano , sive de modo convivandi liber. *Amstelodami*, 1663 ,

428— Monumens antiques inédits , ou nouvellement expliqués, par M. Millin. *Paris* , 1802 , 2 *vol. in-4°.fig. dem. rel.*

429— Antiquités sacrées et profanes des Romains , expliquées. *La Haye*, 1826, 1 *vol. in-f°. fig. rel.*

430— Dissertation sur un temple octogone et plusieurs bas-reliefs trouvés à Sestas, par M. l'abbé Jaubert. *Bordeaux*, 1743 , 1 *vol. in-12* , *fig. rel.*

431—Le maschere sceniche e le figure comiche d'antichi Romani, da Francesco Ficoroni. *Roma*, 1736, 1 *vol.in-4°. fig. rel.*

432—Marci Meibomii, de fabrica triremium. *Amstelodami*, 1671 , 1 *vol. in-4°. fig. rel.*

433—Explication de la mosaïque de Palestrine, par M. l'abbé Barthélemy. *Paris*, 1760 , 1 *vol. in-4°. fig. rel.*

434—De l'utilité des voyages, par Baudelot de Dairval. *Rouen*, 1727, 2 *vol. in-12*, *fig. rel.*

435—Lettres de Paciaudi au comte de Caylus. *Paris*, 1802, 1 *vol. in-8°. fig. dem. rel.*

Numismatique.

436—Histoire des médailles ou introduction à la connaissance de cette science, par Ch. Patin. *Paris*, 1695, 1 *vol. in-12*, *fig. rel.*

437—Introduction à la science des médailles, par dom Thomas Mangeart. *Paris*, 1763, 1 *vol. in-f°. rel.*

438—Doctrina numorum veterum conscripta a Joseph Eckhel. *Vindobonæ*, 1792, 1798, 8 *vol. in-4°. fig. rel.* (le 7°. volume manque.)

439—Classis generales geographiæ numismaticæ (par M. l'abbé Sestini.). *Lipsiæ*, 1797, 2 *parties en un vol. in-4°. dem.-rel.*

440—Descriptions de médailles antiques, grecques et romaines, par M. le chevalier Mionnet. *Paris*, 1806, 1813, 7 *vol. in-8°.* (dout un vol. de planches), *dem. rel.*; supplément au tom 1.

441—De la rareté et du prix des médailles romaines, par le même. *Paris*, 1815, 1 *vol. in-8°. fig. rel.*

442— Recueil de quelques médailles grecques inédites , par M. Millingen. *Rome*, 1812, 1 *vol. in-4°. fig. dem. rel.*

443— Foy-Vaillant, Seleucidarum imperium sive historia

regum Syriæ, etc. *Lutetiæ*, 1681, 1 *vol. in-4°. fig. rel.*

444—Numi Ægyptii imperatorii prostantes in museo Borgiano Velitris, edidit G. Zoega. *Romæ*, 1787, 1 *vol. in-4°. parch.*

445—Histoire des rois de Thrace et du Bosphore Cimmérien, par Cary. *Paris*, 1752, 1 *vol. in-4°. fig. rel.*

446—Sicilia et Magna Græcia sive historiam urbium et populorum, etc., *Antwerpiæ*, 1617, 2 *vol.* (reliés en un seul) *in-f°.*

447—Sicilia di Filippo Paruta descritta con Medaglie, etc. auctore Lionardo Agostini. *Lione*, 1697, 1 *vol. in-4°. rel.*

448 — D. Magnan Lucania numismatica seu Lucaniæ populorum numismata omnia, *Romæ*, 1775, 1 *vol. in-4°. fig. rel.*

449—Recueil de médailles de rois, de peuples et de villes, par Pelerin. *Paris*, 1762, 9 *vol. in-4°. fig. rel.*

450—Populorum et regum, numi veteres inediti, illustrati a Fr. Neumanno. *Vindobonæ*, 1779, 2 *vol. in-4°. fig. cart.*

451—Thesaurus Morellianus sive familiarum romanor. numismata omnia, etc. *Amstelodami*, 1734. 3 *vol. in-f°. fr.*

452—Thesaurus numismatum antiq., etc., auct. Petro Mauroceno. *Venetiis*, 1688, 1 *vol. in-4°. fig. rel.*

453—Nummorum veterum populorum et urbium qui in museo G. Hunter asserventur. *Londini*, 1782, 1 *vol. in-4°. fig rel.*

454—Catalogue des médailles antiques et modernes , du cabinet de M. d'Ennery. *Paris*, 1788 , 1 *vol. in-4°. rel.*

455—Numismata moduli maximi vulgo medaglioni ex cimeliarchio Ludovici XIV. *Eleutheropoli*, 1704, 1 *vol. in-f°. rel.*

456 — Osservazioni istoriche sopra alcuni medaglioni antichi , da Filippo Buonarrotti. *Roma*, 1698, 1 *vol. in-4°. fig. rel.*

457—Nouvelles recherches sur les médailles , inscriptions et hiéroglyphes antiques , par Poinsinet de Sivry. *Maëstricht*, 1778 , 1 *vol. in-4°. fig. rel.*

458—Numismata antiqua imperatorum romanorum latina et græca, auct. J. J. Gesneri. *Tiguri*, 1734 1 *vol. in-f°. rel.*

459—Specimen rei numariæ , cum prolegomenis , auct. J. J. Gesneri. *Tiguri*, 1735 , 1 *vol. rel.*

460—Disconsidi Enca vico Parmegiano sopra le medaglie de gli antichi, da Gi. Batista du Vallio. *Parigi*, 1 *vol. in-4°. fig. rel.*

461—Numismata aurea antiqua quæ collegit et possidet liber baron de Schellersheim , 1800, 1 *vol. in-8°.*

462 — Familiæ romanæ quæ reperiuntur in antiquis nummis malebus , etc. Auct. Flavii Ursini. *Romæ*, 1 *vol. in-f°. fig. rel.*

463—Selectiora numismata in ære Max. Mod. e Museo Francisci Decamps , auct. Vaillant. *Parisiis*, 1694, 1 *vol. in-4° fig. rel.*

464—Constantii Iandi complam comitis , selectorum numismatum , etc. *Lugduni Batarorum* , 1695 , 1 *vol. in-4°. fig. rel.*

465.—Dissertation du rev. Père Chamillart sur plusieurs médailles et pierres gravées de son cabinet. *Paris* , 1711 , 1 *vol. in-4°. rel.*

466—Selecta numismata antiqua ex museo Petri Seguini. *Lutetiæ* , 1684 , 1 *vol. in-4°. fig. rel.*

467—Observationes et conjecturæ in numismata quædam antiqua , autc. Begeri et Spanheim. *Coloniæ Brandenburgicæ* , 1691 , 1 *vol. in-4°. fig. rel.*

468-H. Tanini supplementum Numismatum imperatorum ab Ans. Bandurio editorum *Romæ* , 1791 , 1 *v. in-f°. fig. r.*

469—Ad numismata imp. romanor, aurea et argento , etc. , (supplement)auct. Jos. Eckel. *Vindobonæ* , 1767 , 1 *vol. in-4°. fig. cart.*

470—Numismata imp. romanor. , auct. F. Vaillant. *Romæ* , 1743 , *in-4°. 3 vol fig. dem. rel.*

471—Imp. romanor. numismata a pompeio magno ad heraclium edit. altera. auct. Adolph Occone. *Augustæ Vindelicorum* , 1601 , 1 *vol. in-4°. parch.*

472—Imperatorem romanorum numismata a pompeio magno ad heraclium comitis , Francisci mediovarbi biragi. *Mediolani* , 1730 , 1 *vol. in-f°. fig. rel.*

473—Histoires des empereurs romains et grecs , avec les médailles frappées pour eux , et leurs prix , par Beauvais. *Paris* , 1767 , 3 *vol. in-12, fig. rel.*

474— Banduri Numismata imperatorum Romanorum a Trajano Decio ad Palæologos. *Lutetiæ*, 1718 , *2 vol. in-f°. fig. dem.-rel.*

475 Numismata imperatorum Romanorum , etc. auct. F. Vaillant. *Lutetiæ* , 1692 , *2 vol.* (en un seul) *fig. rel.* M. Pasumot à qui cet exemplaire a appartenu, y a placé le prix des médailles rares du Bas-Empire.

476—J. Foi - Vaillant Numismata ærea imperatorum Augustarum et cæsarum , etc. *Amstœldami*, 1700, *1 vol. in-f°. fig. rel.*

477— C. Patini Imperatorum romanorum numismata ex aere mediæ et minimæ formæ *Amstœldami*, *1 vol. in-f°. fig. rel.*

478—Joannis Harduini numni antiqui populorum et urbium illustrate. *Parisiis*, 1684 , *1 vol in-4°. rel.*

479—Réflexions sur les deux plus anciennes médailles d'or romaines, du cabinet de Madame. *Paris*, 1720 , *1 vol. in-4°. fig. rel.*

480—Catalogue de la collection de médailles romaines de M. Rollin. *Paris*, 1811 , *1 vol. in-8°. dem.-rel.*

481—Lettere e dissertazioni numismatiche di Domenico Sestini. — Descrizione degli stateri antichi dal medesimo.—Sopra le medaglie antiche relative alla confederazione degli achaei. *3 vol. in-8°.*

482—Lettres critiques sur quelques points d'histoire

et de numismatique, par M. Cousinery. *Paris*, 1810, 1 *vol. in-8°. fig. dem. rel.*

483—Medallas de las colonias municipios de Espana, (par Florez.) *en Madrid*, 1773, 3 *vol. in 4°. fig. rel.*

484—Discours sur les médailles antiques, par Savot. *Paris*, 1627, 1 *vol. in-4°. rel.*

Glyptique.

485—Traité des pierres gravées, par Mariette. *Paris*, 1750, 2 *vol. in-4°. fig. rel.*

486—Description des pierres gravées du baron de Stosch, par Winckelmann. *Florence*, 1760, 1 *vol. in-4°. rel.*

487—Le Muséum de Florence, par M. David. *Paris*, 1787, 3 *vol. in-4°. fig. rel.*

488—Description des pierres gravées du cabinet d'Orléans, par Leblond et Delachau. *Paris*, 1780, 2 *vol. in-4°. fig. rel.*

489—A. F. Gorii Thesaurus gemmarum antiquarum astriferarum, cum atlante farnesio, comment. J. B. Passerii illustri. *Florentiæ*, 1750, 2 *vol. in-4°. fig. rel.*

490—Recueil de pierres gravées antiques, (dessinées par le comte de Caylus, et gravées par Mariette.) *Paris*, 1732, 2 *vol.* (en un seul), *fig. rel.*

491—Le gemme antiche figurate di Michel Angelo Causeo de la Chausse. *Romæ*, 1700, 1 *vol. in-4°. fig. rel.*

492—A collection of fifty prints from antique gems , in the collections of the right honourable Earl. Percy. The honourable C. F. Greville , and T. M. Slade, Esquire. 1785 , 1 *vol. in-4°. fig. cart.*

493—Abraham Gorlæi, Antverpiani, Dactyliothecæ , seu anulorum Sigillarium, etc. Cum explicationibus Jacobi Gronovii. *Lugduni Batavorum,* 1707 , 2 *vol. in-4°. fig. maroq. dor. sur tranch.*

494 — Francesci Ficoroni , reg. Lond. acad. Socii. Gemmæ antiquæ litteratæ., cum illustr. N. Galeotti *Romæ ,* 1757 , 1 *vol. in-4°. fig. dem.-rel.*

495—Descriptio brevis gemmarum quæ in museo Guil. S. R. J. L. baronis de Crassier. *Leodii,* 1740 , 1 *vol. in-4°.*

496—Explication d'une pierre gravée du cabinet de Monseigneur le Comte de Pontchartrain. Par Baudelot de Dairval. *Paris ,* 1710, 1 *vol. in-12.*

497—Un assez grand nombre de bons ouvrages qui ne sont point annoncés dans le présent Catalogue , seront vendus sous ce numéro.

———

TABLE

TABLE
DES MATIÈRES.

De l'Imprimerie de NOUZOU, rue de Cléry, N°. 9, à Paris.